CHAQUE PIÈCE, 20 CENTIMES.
16e ET 17e LIVRAISONS.

LA FOI, L'ESPÉRANCE ET LA CHARITÉ

DRAME EN CINQ ACTES ET SIX PARTIES

PAR

M. ROSIER

REPRÉSENTÉ POUR LA PREMIÈRE FOIS, A PARIS, SUR LE THÉATRE DE LA GAITÉ, LE 1er AVRIL 1848.

DISTRIBUTION DE LA PIÈCE

ALBERT, peintre	MM. SURVILLE.	MARTILLY	M. BREMONT.
PAUL	DESHAYES.	LUCIA	Mmes MEIGNAN.
RAOUL D'AREMBERG	GOUJET.	MATHILDE	MARIE-CLARISSE
MULLER	EMMANUEL.	MARTHE	CHEZA.

1778.

ACTE I.

Rez-de-chaussée dans l'avenue du parc royal, aux portes de Berlin. Petite pièce modestement meublée : une table à droite, un guéridon à gauche une porte au fond, donnant sur l'avenue ; une porte latérale à gauche, une autre à droite. Un arbre, à l'extérieur, dans l'avenue au fond, près de la porte ; un siége de pierre au pied de l'arbre.

SCÈNE I.

MARTHE, LUCIA. *Lucia copie de la musique à droite ; Marthe fait de la tapisserie à gauche.*

LUCIA, *à part.*

Oh ! mon rêve, que tu es insensé !... Est-ce que ce jeune homme pense à moi seulement ?... Est-ce qu'il se doutera jamais ?... Amour, sans espérance, il faut que, pour ta part, tu blesses ce pauvre cœur, qui saigne déjà par tant d'autres côtés !... Oublions... oublions.

MARTHE, *allant à Lucia.*

Ne travaille pas tant, ma chère Lucia, cette copie de musique te fatigue beaucoup. (*Un mendiant vieux et aveugle paraît à la porte du fond.*)

LUCIA.

Tiens, Marthe, voici mon pauvre... il vient chercher sa petite pension de chaque jour. (*Marthe porte au mendiant la petite pièce de monnaie que Lucia lui a donnée ; puis elle va près d'elle et s'appuyant sur sa chaise elle lui dit :*)

MARTHE.

Prends donc quelque chose, mon enfant... Tu t'es couchée si tard et levée si matin !... Cette tasse de lait... (*Elle désigne le guéridon.*)

LUCIA.

Je n'ai pas faim...

MARTHE.

Tu veux donc mourir !... Tiens, Lucia, tu me caches un secret.

LUCIA.

Moi ?

MARTHE.

Je te vois souvent, triste et rêveuse, regardant au loin dans ce parc, le rendez-vous de la belle jeunesse de Berlin, et je me demande, si un penchant mystérieux...

LUCIA, *vivement.*

Non!

MARTHE.

Bien sûr?

LUCIA.

Bien sûr.

MARTHE.

Alors c'est ce travail obstiné qui est cause de ta langueur... je le dirai à monsieur Albert. (*Elle s'éloigne.*)

LUCIA, *se levant.*

Oh! non, Marthe, tu ne lui diras rien, cela l'affligerait mortellement... Il est bien assez tracassé, contrarié.

MARTHE.

Mais tu sais qu'il t'a défendu de travailler plus de deux heures par jour.

LUCIA.

Oui, il l'a défendu... il m'aime, il a peur de me voir tomber malade; mais je devine tout... il est dans la gêne; on est injuste envers lui, et, dans ce moment, il craint que son grand tableau ne soit pas admis chez le prince... Ne t'aperçois-tu pas de sa tristesse, de son découragement?... il ne peut pas me regarder sans s'attendrir... Marthe, je te dis qu'il faut que je travaille jour et nuit... Plus mon travail est productif et moins il a de sacrifices à faire pour moi... Et puis, j'ai l'espérance de pouvoir acquitter, en secret, une de ses dettes que le hasard m'a fait connaître.

MARTHE.

Toi, acquitter...

LUCIA.

Tu sais bien cette jeune personne que nous rencontrâmes, il y a huit jours, à deux pas d'ici, dans ce parc?

MARTHE.

Oui, noble jeune fille qui, te voyant à mon bras, triste, pâle et souffrante, devina avec son cœur la gêne de notre position, et qui, depuis, t'envoie de la musique à copier, et ne vient jamais avec son père dans le parc sans te faire une visite.

LUCIA.

Eh bien, outre les élèves de piano qu'elle m'a procurées dans l'avenue du parc royal, elle veut le devenir elle-même. Elle m'a écrit d'aller, ce soir, à l'occasion d'une fête que donne son père, lui faire répéter un morceau très-difficile.

MARTHE.

Tu as répondu sans doute qu'il t'est impossible d'aller passer la soirée.

LUCIA.

Pourquoi? Ne vois-tu pas qu'elle me paye la copie trois fois plus qu'on ne fait?... Les leçons de piano me seront payées dans la même proportion, et alors, Marthe, alors j'acquitterai les dettes...

MARTHE.

Mais si monsieur Albert vient ici et ne te trouve pas?... car c'est aujourd'hui son jour et il nous quitte rarement avant dix heures.

LUCIA.

Il faudra faire un petit mensonge... vers huit heures, je lui dirai que j'ai besoin de repos; j'entrerai dans ma chambre; il partira, et alors...

MARTHE.

Mais au moins, ma chère Lucia, si tu veux avoir la force d'aller, ce soir, à Berlin, donner ta leçon, prends quelque chose, allons. (*Elle lui présente la tasse de lait; un homme mesquinement vêtu a paru quelques lignes avant et s'est assis à l'extérieur, au fond, sur le banc de pierre, près de l'arbre; il a l'air harassé; c'est Paul.*)

PAUL, *au mendiant, qui repasse et lui demande l'aumône.*

Je n'ai rien; je suis plus pauvre que vous.

LUCIA, *apercevant et entendant Paul.*

Voilà un homme qui paraît bien triste et bien fatigué... et ce qu'il vient de dire... il a faim, sans doute... il faut lui donner...

MARTHE.

Quoi!... tu...

LUCIA.

Je t'en prie, Marthe, il a l'air souffrant et épuisé.

MARTHE.

Allons, puisque tu le veux, je vais lui porter...

LUCIA.

Dans l'avenue, il fait une chaleur et une poussière!... dis-lui d'entrer.

MARTHE.

Un malheureux?... on ne sait pas..

LUCIA.

Est-ce à nous de nous méfier des malheureux? (*Elle va au fond et dit à Paul.*) Vous paraissez accablé de fatigue et de chaleur... entrez, entrez... vous reposerez mieux ici.

SCÈNE II.

MARTHE, PAUL, LUCIA.

PAUL, *entrant.*

Jeune fille, votre voix est douce, votre regard est charitable, l'aspect de l'homme souffrant attriste votre cœur... vous refuser serait vous méconnaître, vous affliger... j'accepte.

LUCIA.

Ce lait est pur et frais... j'aurai du plaisir à vous le voir prendre.

PAUL, *attendri.*

Je le prendrai.

LUCIA.

Marthe, je rentre dans ma chambre, je vais m'habiller pour porter ma copie à la dame de l'avenue. (*Elle entre à droite.*)

SCÈNE III.

PAUL *assis devant le guéridon*, MARTHE.

PAUL.

Cette enfant est votre fille, madame?

MARTHE.

Non.

PAUL.

Dieu bénisse sa mère!...

MARTHE *à part.*

Sa mère!

PAUL, *à lui-même, désignant la porte par où Lucia est sortie.*

La providence n'abandonne jamais les malheureux. Elle jette çà et là sur cette terre quelques anges de bonté pour encourager ceux qui souffrent et leur rappeler qu'il y a un ciel et un Dieu.

SCÈNE IV.

PAUL, MARTHE, ALBERT. (*Albert entre triste et sombre.*)

ALBERT, *sans voir Paul.*

Bassesse stérile! c'est désolant!

MARTHE, *à Albert.*

Ah! monsieur Albert, c'est vous! Eh bien, votre tableau est-il admis à être exposé dans le palais du prince, et avez-vous la chance qu'il soit un de ceux qu'il choisira, qu'il achètera?

ALBERT, *amèrement.*

Je viens de faire ma cour au souverain juge, à l'homme qui est chargé de diriger le goût du prince. J'ai cru que je m'étais assez courbé devant lui; il m'a semblé que mon front touchait à terre, je me suis trompé; mon coup d'essai en intrigue n'a pas été heureux; le souverain juge ne m'a pas trouvé assez vil et je ne sais pas si mon tableau sera exposé. (*Avec force et amertume.*) Quant à ma personne, elle mériterait de l'être en place publique avec cet écriteau sur la poitrine: Lâche intrigant, sans vocation!

MARTHE.

Allons, calmez-vous, monsieur.

ALBERT, *apercevant Paul, avec humeur.*

Qu'est-ce que c'est? quel est cet homme? que me veut-il?

MARTHE.

C'est un malheureux qui...

ALBERT.

Pourquoi l'introduire ici?... je...

PAUL, *debout.*

Monsieur, j'avais soif, j'avais faim; j'étais là, sur la voie publique, accablé de fatigue... Une jeune fille, un ange était ici. Elle m'a vu souffrant; elle m'a fait entrer... vous m'enlevez la moitié de son aumône. (*Il fait un mouvement pour sortir.*)

MARTHE.

C'est Lucia qui a voulu...

ALBERT.

C'est Lucia?... (*A Paul, le ramenant.*) J'ai tort; je vous demande pardon; restez... (*Paul se rassied. — Marthe entre dans la chambre à gauche.*)

PAUL, *à Albert.*

Il y a des riches bien durs; mais il faut les excuser : ils ne connaissent pas les tortures de la misère... je ne vous en veux pas.

ALBERT.

Et pourquoi m'en voudriez-vous?

PAUL.

Parce que l'habitude de mes pareils est d'en vouloir aux vôtres. L'élégance et la fraîcheur de vos vêtements annoncent ce que vous êtes. (*Désignant l'endroit par où Marthe est sortie.*) Vous avez une domestique pour vous servir; puis, cet appartement à la campagne, outre celui que vous avez sans doute à la ville... enfin, vous êtes riche et je suis pauvre; je pourrais être votre ennemi... je ne le suis pas.

ALBERT.

Une bouffée de mauvaise humeur que vous avez prise pour de la dureté, vous a blessé, je le vois... (*Avec une grande amertume.*) Il faut que je vous console, ce sera une réparation... et d'ailleurs, je suis dans cette disposition d'esprit d'un homme qui n'ayant rien gagné à courtiser les grands et les riches, se fait peuple et fraternise avec les petits pour épancher sa haine.

PAUL, *souriant tristement.*

Si cela peut vous soulager, parlez, monsieur; car vous avez affaire à un infiniment petit.

ALBERT.

Dites-moi, vous que le malheur a sans doute rendu misanthrope, n'avez-vous pas remarqué que, dans ce monde, il y a deux espèces de pauvres? l'une à peine vêtue...

PAUL, *se regardant.*

Je connais cette espèce-là.

ALBERT.

L'autre élégamment parée?

PAUL.

Serait-ce la vôtre?

ALBERT.

Ah! croyez-moi, c'est une excellente chose, une chose pleine de franche allure, de philosophie; pleine de vérité, pleine de liberté, que de porter des haillons pour mendier dans ce monde.

PAUL, *souriant incrédulement après avoir regardé ses habits à lui.*

Excellente chose!... vous pensez?

ALBERT.

Mais mendier sous un riche vêtement (*il désigne le sien*) comme celui-ci; mendier avec un diamant au doigt; mendier avec des cheveux parfumés, dans les salons du riche; mendier avec les apparences d'un heureux d'ici-bas, si vous saviez ce que c'est!... Ah! croyez-moi : le mendiant qui demande aux hommes la charité d'un appartement commode et d'une table bien servie est cent fois plus à plaindre que le mendiant qui demande la charité d'un gîte sur la paille et d'un morceau de pain pour la faim du moment!

PAUL.

Il est vrai que celui-ci a plus de chance.

ALBERT, *amèrement.*

Ah! que j'envie votre destinée!... vous n'avez pas de pain, n'est-ce pas, et vous ne demandez que du pain? je n'en ai pas non plus et je demande un carrosse!

PAUL.

C'est plus difficile à obtenir.

ALBERT.

Eh bien, me pardonnez-vous, maintenant, de vous avoir humilié? êtes-vous consolé de votre sort?... (*Avec amertume*). Mendiants tous les deux, touchez là. (*Il lui tend la main.*) Nous sommes égaux. Tous les deux nous avons à nous plaindre d'une société mal faite.

PAUL, *avec un sourire.*

Mal faite, dites-vous? je ne suis pas de votre avis. Une société n'est point mal faite, lorsqu'il y a place pour tous : pour les honnêtes gens comme pour les fripons... Avez-vous jamais essayé de la friponnerie adroite?

ALBERT.

Jamais.

PAUL, *souriant.*

De quoi vous plaignez-vous donc? vous auriez le carrosse, vous le fallût-il à quatre chevaux.

ALBERT.

Je n'en voudrais pas à ce prix.

PAUL.

Avez-vous essayé de la résignation?

ALBERT.

Non!

PAUL, *digne et solennel.*

De quoi vous plaignez-vous donc? Car elle vous eût appris à vous passer de carrosse, d'appartement commode, de table bien servie; elle vous eût appris, au besoin, dans sa sublimité, à vous passer de pain, sans maudire les hommes et sans offenser Dieu qui a un but dans tout ce qu'il fait.

ALBERT.

Quoi! vous pouvez envisager avec ce sang-froid...

PAUL.

Oh! monsieur, j'ai eu bien des colères, bien des emportements, bien des projets de vengeance, avant d'avoir pensé, réfléchi, avant de m'être vaincu!

ALBERT.

Et vous êtes parvenu...

PAUL.

Le résumé de mes réflexions a été celui-ci : je suis libre d'être un coquin, j'aurai les bénéfices du métier et aussi des remords; je suis également libre de me soumettre à la misère et de conserver la sérénité de mon âme. C'est ce dernier parti que j'ai pris.

ALBERT.

Vous pensez donc que le désir et la poursuite des biens de ce monde sont une chose blâmable?

PAUL.

Non, certes; car il y a des exemples d'honnêtes gens qui ont fait fortune.

ALBERT.

Je m'étonne alors, qu'instruit comme vous paraissez être, jeune et vigoureux encore, vous vous soyez condamné à cet état de...

PAUL.

Ce n'est pas un état de choix, j'en aimerais mieux un autre; mais la nécessité l'impose, il faut céder. L'homme n'est maître de rien que de sa conscience; il ne dépend pas de lui d'être riche, honoré, prôné; mais il dépend de lui d'agir bien ou mal. C'est par là seulement qu'il est une créature privilégiée.

ALBERT, *après l'avoir regardé.*

Pardon, j'ai quelques ordres à donner.

PAUL, *prenant son chapeau.*

Monsieur, je me retire.

ALBERT, *appelant.*

Marthe? (*A part.*) C'est un noble cœur!... un honnête homme... (*à Marthe, qui paraît.*) Vous mettrez trois couverts; monsieur me fait le plaisir de partager mon modeste dîner.

PAUL, *souriant avec bonhommie.*

Monsieur?...

ALBERT.

Je vous en prie, si vous n'avez rien de mieux à faire.

PAUL, *souriant.*

Oh! ce n'est pas que je sois engagé ailleurs... Et certes je n'ai rien de mieux à faire que d'accepter un dîner.

ALBERT.

C'est d'égal à égal, voyez-vous!

PAUL.

Cela devrait être toujours ainsi d'homme à homme, si Dieu était bien compris de tous.

ALBERT.

Soyez donc ici à cinq heures.

PAUL.

J'y serai, et si vous aimez les histoires, je paierai mon écot en vous racontant la mienne. (*Il passe devant Lucia qui entre, et la salue.*)

SCÈNE V.

ALBERT, LUCIA.

LUCIA.

Ah! vous voilà! (*Elle court dans les bras d'Albert.*)

ALBERT.

Eh bien, Lucia, comment vas-tu aujourd'hui? Je te trouve bien pâle, bien fatiguée!...

LUCIA.

Vous êtes près de moi, les couleurs vont revenir, la fatigue va disparaître.

ALBERT, *quittant ses vêtements et mettant un équipement de peintre, puis portant à gauche, sur le guéridon, ce qu'il faut pour dessiner.*

Je t'ai prié de ne travailler que pour te distraire, m'obéis-tu?

LUCIA.

Oui, oui, je fais ce que je dois... et tenez, je n'ai qu'à revoir cette copie de musique, qu'une dame de l'avenue, ici près, m'a demandée : vous travaillerez d'un côté, moi de l'autre. (*Ils se mettent à travailler aux deux extrémités de la scène.*)

ALBERT, *soupirant.*

Allons, je le veux bien (*Il dessine.*)

LUCIA.

Cela ne vous dérange pas que je répète tout haut les paroles en vérifiant la mélodie?

ALBERT.

Non, au contraire. (*A part.*) Sa douce voix calme et adoucit mes chagrins.

LUCIA.

Et puis, je les aime tant, ces paroles... peut-être parce que c'est vous qui les avez faites.

ALBERT.

J'étais bien triste en les composant.

LUCIA, *lisant lentement et avec émotion.*

Dans un hospice, au sein de la misère,
Rose d'un jour, une enfant souriait,
Non loin du lit d'où le corps de sa mère,
En un linceul, tristement s'en allait;
Mais Dieu qui veille en père de famille,
Laissant la mère à l'ange du tombeau,
Pour protéger cette innocente fille,
La confiait à l'ange du berceau.

(*Parlant.*) Qu'avez-vous donc? vous soupirez et vous avez l'air bien abattu...

ALBERT.

C'est que devant toi, ma bonne Lucia, je ne sais pas dissimuler. Oui, il y a des moments où le découragement s'empare de moi.

LUCIA.

Parce que vous avez des envieux, des ennemis? vous en triompherez tôt ou tard.

ALBERT.

Ce n'est pas facile. Parmi mes ennemis, il en est un, surtout, nommé Muller, le génie du mal, à qui je n'ai rien fait et qui a juré ma perte. Je le sais, pour me nuire, tous les moyens lui sont bons. C'est lui qui est cause que mon tableau ne sera pas admis chez le prince ; cet homme pèse sur ma vie.

LUCIA.

Oui.

ALBERT.

Mais, j'ai tort, je devrais garder pour moi ces tristes pensées.

LUCIA.

Et croyez-vous que je ne lise pas dans votre destinée? que je ne sache pas tout? vous avez des dettes.

ALBERT, *dessinant toujours.*

Quoi?

LUCIA.

Oui, vous aviez quelques ressources, fruit de vos économies ; un notaire à qui vous les aviez confiées vous les a emportées ; et puis ma longue maladie, la vôtre... vous n'avez pu suffire à tout cela par le produit d'ouvrages sérieux qui demandent un long travail, et vous êtes réduit, vous, un grand artiste, à dessiner de petits croquis.

ALBERT, *avec dignité.*

Ce n'est pas de cela que je me plains! La petitesse du cadre ne saurait rabaisser mon art. Il ne s'avilit, entends-tu bien, que lorsqu'il descend à la caricature et surtout à l'immoralité.

LUCIA, *allant à lui, et s'appuyant sur la chaise.*

Qu'est-ce que vous faites maintenant?

ALBERT.

Une suite de croquis reproduisant toute la vie d'une jeune fille.

LUCIA, *désignant le papier.*

La jolie tête que vous avez là!

ALBERT, *l'effaçant après avoir regardé Lucia.*

Je n'en suis pas content, c'est toi qui me la gâtes.

LUCIA.

Moi! comment?

ALBERT.

C'est que tu es bien mieux qu'elle. Reste là quelques instants.

LUCIA, *se mettant un peu à l'écart.*

Vous allez encore me faire poser?

ALBERT.

Oui, car mon imagination ne saurait rien produire qui approche de cette réalité charmante.

LUCIA.

Mais savez-vous qu'on finira par connaître votre modèle? Vous me mettez dans presque tous vos tableaux.

ALBERT.

Et c'est la figure qu'on remarque le plus. Tu vois bien que je suis intéressé...

LUCIA.

Dans le dernier, vous m'avez faite brune et dans le précédent vous m'avez faite blonde.

ALBERT.

On te trouve bien de toutes les couleurs. Tiens, regarde.

LUCIA.

C'est ravissant, mais c'est flatté.

ALBERT.

Non, c'est ressemblant.

LUCIA, *touchée.*

Que de peines vous vous donnez! Ce serait bien à mon tour de vous dire de moins travailler.

ALBERT, *se levant et lui prenant la main.*

C'est pour toi que je travaille, douce et gracieuse enfant! Je tremble toujours en te voyant si faible... Oh! la fortune! cette fortune si ardemment désirée, si constamment poursuivie, cette fortune, le but de mes travaux, de mes veilles, je la voudrais aujourd'hui plus que jamais, afin de pouvoir te dire : Que veux-tu? un voyage pour te distraire? le voici; une riante campagne pour y abriter ta santé si frêle? tiens, la voici ; sois heureuse.

LUCIA.

Oh! je n'ai pas besoin de tout cela. Il me suffirait de vous savoir content, pour ne plus rien désirer. (*Ils s'embrassent en essuyant une larme.*

ALBERT.

Tu vas sortir, m'as-tu-dit, pour porter ta copie de musique à une dame, et moi, je vais voir si j'aurai une commande chez un riche seigneur. (*Il s'habille.*)

LUCIA.

Je vais prendre mon mantelet. (*Elle sort par la droite.*)

SCÈNE VI.

ALBERT, *seul, s'habillant.*

Allons, endossons mon bel habit, mettons nos gants parfumés !... Le luxe dans la misère... Il le faut, pour être admis dans ce monde futile; il le faut pour tromper ce monde qui traite la pauvreté comme un crime, en la repoussant avec mépris... (*Sombre.*) Oh! si ce n'était ma Lucia, il y a longtemps que j'en aurais fini avec toutes ces comédies, toutes ces lâchetés et ces mensonges!

SCÈNE VII.

MARTHE, ALBERT, LUCIA.

LUCIA, *paraissant.*

Me voilà, me voilà!

ALBERT, *à Marthe.*

Marthe, si cet homme qui dîne avec moi arrive, dis-lui de m'attendre.

MARTHE.

Oui, monsieur.

ALBERT.

Viens, Lucia. (*Albert et Lucia sortent par le fond.*)

SCÈNE VIII.

MARTHE, *seule.*

Brave homme! quel dommage qu'il ne soit pas heureux! Le monde est si injuste! Il n'a pas tort de s'en plaindre. Avec un talent comme le sien, avec sa probité, avec l'élévation de son caractère... c'est que peut-être il faut plus que tout cela pour réussir.. Ce monsieur Muller, par exemple, dont monsieur nous a parlé tant de fois. (*Elle se met à coudre.*)

SCÈNE IX.

MARTHE, MULLER.

MULLER, *à part, en entrant par le fond*

Il me semble bien que c'est d'ici que je l'ai vu sortir. Et de plus, la ressemblance frappante entre plusieurs figures des tableaux d'Albert et cette jeune fille... Si j'étais sûr qu'il eût une liaison secrète avec elle... Voyons, informons-nous adroitement.

(*Haut.*) Madame, j'ai l'honneur...

MARTHE, *se levant.*

Monsieur...

MULLER.

Je ne crois pas me tromper : c'est bien ici que demeure une jeune fille nommée Lucia, qui donne des leçons de piano?

MARTHE.

Oui, Monsieur.

MULLER.

J'ai entendu faire un grand éloge de son talent, dans le monde, et particulièrement chez M. Martilly.

MARTHE.

Par mademoiselle Mathilde, sa fille, sans doute?

MULLER.

Précisément, et sur ce que j'en ai dit moi-même dans les meilleures maisons de Berlin, plusieurs grandes dames voudraient recevoir de ses leçons.

MARTHE.

Vous êtes bien bon, monsieur.

MULLER.

C'est tout naturel... Une orpheline, à ce que m'a dit mademoiselle Martilly?

MARTHE.

Oui, monsieur.

MULLER.

Sans parents?

MARTHE, *le regardant avec embarras.*

Oui, monsieur...

MULLER.

Sans amis?... Pardon, si je vous fais toutes ces questions..... je m'intéresse si franchement... Sans amis, n'est-ce pas?

MARTHE.

Oui, monsieur.

MULLER.

Sans protecteurs?

MARTHE.

Elle n'en a pas d'autres que son talent et sa sagesse.

MULLER.

Ce sont les meilleurs pour une jeune fille, et le talent, la sagesse grandissent dans la solitude... Vous ne recevez personne ici?

MARTHE.

Excepté ceux qui désirent des leçons de mademoiselle Lucia.

MULLER.

Ça ne compte pas... ce ne sont pas des protecteurs, ce sont des écoliers... Je ne parle pas, par exemple, de M. Martilly, qui vient vous voir quelquefois avec sa fille.

MARTHE.

Oui, monsieur.

MULLER, *négligemment.*

Ni d'un artiste, qu'un soir on prétend avoir vu sortir furtivement d'ici, le peintre Albert.

MARTHE, *troublée.*

M. Albert?...

MULLER, *à part.*

Elle se trouble. (*Haut.*) Homme de talent, de cœur... un artiste distingué, méconnu...

MARTHE, *embarrassée.*

Nous n'avons jamais vu, monsieur, la personne dont vous parlez.

MULLER.

Oui, j'entends, c'est une connaissance secrète, intime : il en faut toujours une comme ça.

MARTHE.

Monsieur...

MULLER.

Je suis loin de me permettre la moindre observation maligne à cet egard, au contraire ; je trouve cela tout simple... La sensibilité est le partage du talent... Et puis, cela n'empêche pas la vertu, plus tard... Un commerce libre d'abord peut devenir légitime ensuite par le mariage. Du reste, il serait bon pour votre jeune maîtresse qu'il en fût ainsi bientôt. Une sage conduite...

MARTHE.

Monsieur, sa conduite est pure comme celle des anges.

MULLER.

Oui, c'est convenu, puisque le mariage peut tout purifier; mais c'est là qu'il faut arriver. Mademoiselle Lucia devenant madame Albert peut être reçue dans les maisons les plus honnêtes, y trouver des prôneurs, des protecteurs, et arriver par là à la renommée, à la considération, à la fortune.

MARTHE, *avec dignité.*

Monsieur, vous pouvez dire aux personnes qui vous ont chargé de prendre des renseignements sur mademoiselle Lucia, qu'elle ne doit son pain qu'à son travail...

MULLER, *à part.*

C'est égal, elle s'est troublée quand j'ai nommé Albert. Il y a quelque chose ; mais observons encore avant de parler.

SCENE X.

MARTHE, RAOUL, MARTILLY, MATHILDE, MULLER, *puis* LUCIA.

MATHILDE.

Bonjour, Marthe. Mademoiselle Lucia...

MARTHE.

Elle va rentrer.

MARTILLY.

Tiens! monsieur Muller ici!

MARTHE, *à part, stupéfaite.*

Muller! l'ennemi de monsieur!

MULLER, *désignant Raoul.*

Oui, je vous ai entendu dire hier à votre ami, monsieur d'Aremberg, qu'en vous promenant dans le parc royal, vous feriez visite, ce matin, avec mademoiselle Mathilde, à sa nouvelle maîtresse de piano, et ne vous ayant pas trouvés dans le parc, je suis venu vous attendre ici.

MARTILLY.

C'est très-bien.

MULLER, *à Mathilde.*

Les instants passés loin de vous me semblent des siècles, et voilà pourquoi je ne laisse échapper aucune occasion de vous voir.

MATHILDE, *froide.*

Vous êtes trop bon. (*Elle va vers Lucia qui entre.*)

RAOUL, *à Muller.*

Tout cela est bien fade, monsieur Muller.

LUCIA, *arrivant.*

Ah! mademoiselle... messieurs... (*A part, avec émotion en voyant Raoul.*) Ce jeune homme!

RAOUL, *à part.*

Elle est charmante!

MATHILDE.

Je viens chercher la réponse à ma lettre. Aurai-je le plaisir de vous voir ce soir?

LUCIA.

Je serai chez vous à huit heures et demie.

MATHILDE.

Vous êtes bien aimable.

LUCIA.

Mais je vous demande la permission d'amener ma bonne Marthe avec moi. Je ne vais jamais un peu loin sans elle.

MATHILDE.

Très-bien, très-bien!

MULLER, *à part.*

J'interrogerai adroitement la petite, ce soir, chez Martilly.

MATHILDE.

Voilà donc qui est dit : — A ce soir, avant neuf heures, et lorsque grâces à vos leçons j'aurai excité les bravos de l'assemblée, je veux, entendez-vous, ma chère amie, que nous dansions dans le même quadrille.

LUCIA.

Danser?... Moi?

MATHILDE.

Il faut vous distraire, vous amuser... allons donc, de la gravité à votre âge! avec une jolie figure et du talent, vous êtes faite pour briller dans le monde... Moi d'abord j'aime les arts.

MULLER.

Qui ne les aime pas? je les adore.

RAOUL.

Vous, monsieur?

MULLER.

Vous en doutez?

RAOUL.

Je ne doute pas ; je suis sûr et cela fait votre éloge. Dire du bien de ce qu'on n'aime pas, c'est tout à fait évangélique.

MATHILDE, *riant ainsi que Martilly.*

Ah! ah! ah!

MULLER, *à part.*

Si je n'avais pas à te ménager, quelle vengeance! (*Haut.*)

Monsieur Raoul d'Aremberg a beau me poursuivre de ses spirituelles railleries, il n'en est pas moins vrai que j'ai voué un culte à l'art.

RAOUL.

Culte de foi, vous n'examinez pas, vous croyez; ceci est encore évangélique.

MATHILDE *et* MARTILLY, *riant.*

Ah! ah! ah!

MULLER.

Ne m'a-t-on pas entendu souvent faire l'éloge des ouvrages du peintre Albert?

LUCIA, *avec joie.*

Ah!

MULLER, *à part.*

Ça lui fait plaisir.

RAOUL.

Eh bien, monsieur Muller...

LUCIA, *à part, émue.*

Monsieur Muller!

RAOUL.

Voyez la calomnie : on prétend que le bien que vous dites en public d'Albert, vous le détruisez par le mal que vous en dites en particulier.

LUCIA, *triste.*

Ah!

MULLER, *à part, regardant Lucia.*

Est-ce clair? (*Haut.*) Vous avez raison, c'est une infâme calomnie. Nos démêlés avec Albert ne m'empêchent pas de lui rendre justice.

RAOUL.

A la bonne heure, et vous faites bien. Je ne pardonnerais pas à celui qui oserait toucher à ce beau caractère et à ce beau talent. Je suis son élève, son élève indigne, un amateur barbouilleur; mais ma noblesse et ma fortune je les donnerais pour la moitié de son talent.

LUCIA, *émue.*

Cela est beau, monsieur, d'honorer ainsi le mérite.

RAOUL.

C'est ce que je ferai, ce soir, mademoiselle, chez monsieur Martilly, en vous applaudissant de tout mon cœur.

MATHILDE, *à Lucia.*

A ce soir donc.

LUCIA

A ce soir.

MULLER, *à part.*

Elle est la maîtresse d'Albert, c'est certain. (*Lucia reconduit, Raoul la regarde avec émotion.*)

MARTHE, *à part.*

Oh! ne disons rien à monsieur Albert et à Lucia des affreux soupçons de cet odieux monsieur Muller. Ça leur ferait trop de peine.

SCENE XI.

MARTHE, LUCIA.

MARTHE, *dressant la table.*

Enfin ils sont partis!... j'avais une peur que monsieur Albert ne revînt et ne les trouvât ici!

LUCIA.

Lui qui nous a tant recommandé... mais pourquoi donc mets-tu trois couverts?

MARTHE.

Ah! tu ne sais pas : ce malheureux que tu as fait entrer?

LUCIA.

Eh bien?

MARTHE.

Monsieur Albert l'a invité à dîner.

LUCIA.

Il est si bon! il a bien fait.

MARTHE.

Voilà pourquoi je mets...

LUCIA.

N'en mets que deux, je ne dînerai pas.

MARTHE.

Que dira monsieur Albert, de ne pas te voir?

LUCIA.

Puisqu'il est convenu que nous ferons un petit mensonge! Tu lui diras que je repose; qu'il ne m'éveille pas... il s'en ira tout de suite après dîner, et aussitôt qu'il sera parti, nous nous rendrons chez monsieur Martilly, pour être rentrées ici de meilleure heure.

MARTHE.

Allons, soit, monsieur Albert ne saura rien; je ne veux pas troubler ta joie, car il me semble...

LUCIA.

Oui, je suis joyeuse, je me sens mieux. (*En allant vers la chambre et à part.*) C'est la première fois qu'il m'a parlé! (*Elle rentre à droite.*)

SCÈNE XII.

MARTHE, PAUL.

PAUL, *le chapeau à la main, avec une aisance grave.*

Madame, je vous salue.

MARTHE.

Monsieur va rentrer; veuillez l'attendre. (*Elle entre à gauche.*)

PAUL, *seul.*

Je suis exact, cinq heures viennent de sonner... je ne sais pas... mais j'ai le pressentiment que cette invitation me portera bonheur... d'abord, je dînerai; c'est quelque chose pour un homme qui en a peu l'habitude... Le grand air, dont personne au monde n'a joui plus que moi, m'a, comme à l'ordinaire, aiguisé l'appétit... c'est peut-être la première fois, depuis trois ans, que j'aurai à rendre grâce au grand air... (*Tristement.*) Et cependant Dieu couvre la terre de fruits et de moissons pour nourrir chaque jour tous ses enfants, et il y a des hommes qui souffrent de la misère et de la faim!... Mais pourquoi l'impatience et le murmure? Il faut se soumettre, se résigner et attendre. La bonté de Dieu est quelquefois invisible, mais absente, jamais.

SCENE XIII.

MARTHE, PAUL, ALBERT.

(*Marthe apporte un plat qu'elle met sur la table.*)

PAUL.

Vous le voyez, monsieur, je ne me suis pas fait attendre.

ALBERT, *souriant.*

C'est bien, monsieur, veuillez prendre place. Marthe, dites à Lucia...

MARTHE.

Elle dînera plus tard; elle dort en ce moment.

ALBERT

Oh! tant mieux! tant mieux, pauvre enfant!... laissons-la reposer. (*Marthe entre à gauche.*)

SCENE XIV.

PAUL, ALBERT, *se mettant à table.*

PAUL, *versant à boire.*

Permettez-moi d'abord, monsieur, une chose qui ne se fait pas dans le monde, qui n'y serait pas de bon goût. (*Il présente son verre et dit :*) A l'hospitalité!

ALBERT.

De grand cœur... et maintenant, monsieur, pardonnez à mon impatience, je désire savoir l'histoire que vous m'avez promise.

PAUL.

Je vais vous la raconter, le plus brièvement possible, et en taisant le nom de ma famille et celui de ma ville natale : Mes parents étaient d'honnêtes gens sans fortune; mon enfance ne fut pas heureuse; mon caractère triste et rêveur avait toute l'apparence de l'hypocrisie et de la fausseté, et l'on prit pour un défaut capital ce qui était le produit d'une sensibilité profonde. A cette impression défavorable se joignit, dans le cœur de mes parents, un involontaire sentiment d'antipathie... Ils ne m'aimaient pas!... que Dieu leur pardonne... Après avoir fait de médiocres études, voyant leur aversion augmenter chaque jour, je résolus de les quitter... Je partis. Livré à moi-même, sans profession, il me fallut gagner ma vie. Je fis successivement plusieurs métiers, et toujours mon défaut de spécialité me fit renvoyer dès les premiers essais... Enfin, monsieur, après plusieurs années des plus cruelles traverses, la fortune, qui jusque-là s'était toujours montrée à moi dédaigneuse et repoussante, semblait enfin me sourire; j'entrai dans une maison de commerce. J'y étais depuis un an, lorsqu'un portefeuille renfermant vingt billets de banque disparut tout à coup... (*Il se lève et dit :*) Pardon, monsieur, j'ai besoin de faire quelques pas... je n'ai pas faim.

ALBERT, *se lève et le suit.*

Qu'avez-vous?...

PAUL, *très-ému et suffoqué.*

Je fus accusé, traduit devant les tribunaux, condamné !... (*Albert recule.*) Monsieur, votre main ! c'est celle d'un honnête homme qui demande à la presser.

ALBERT.

La voici.

PAUL.

Après cette injuste condamnation, plongé dans les ténèbres d'un cachot, une affreuse idée me vint à l'esprit... oui, sachant qu'au sortir de là, à l'expiration de ma peine, je ne pourrais trouver place dans une société égoïste et méfiante, je résolus d'en finir avec la vie, et, un jour, le poison... des secours me furent prodigués à temps, et ma conscience me dit aujourd'hui que le suicide est une lâcheté.

ALBERT, *incrédule.*

Une lâcheté !

PAUL.

Enfin, monsieur, depuis que je suis sorti de prison, depuis dix ans, n'osant avouer qui je suis; reconnu çà et là par quelques hommes que le hasard jette fatalement sur mes pas et qui me croient coupable ; dénoncé alors à mon patron si je me trouve placé ; renvoyé, chassé, abandonné de tous; inspirant sur les chemins publics la défiance et même l'effroi, lorsque la fatigue et la faim ont creusé et pâli mon visage; souffrant et résigné, j'erre misérablement dans cette vie, évitant toujours le mal, faisant le bien toutes les fois que je le puis, j'attends que Dieu me rappelle et me dise : c'est assez ; ton expiation est faite; reviens à moi !

ALBERT.

Oui, c'est une horrible existence que la vôtre ; mais que n'avez vous le courage de retourner chez vos parents? Tout funestes qu'ils ont été à vos premières années, ils croiraient sans doute à votre innocence et....

PAUL.

Mes parents sont morts.

ALBERT.

Et il ne vous reste pas un ami, pas un frère?

PAUL, *souriant tristement.*

Des amis! je n'ai rien à donner, je demande toujours... je n'en ai pas... Un frère? c'est possible, j'en avais un ; j'ignore s'il existe... il était parti tout jeune, et bien longtemps avant moi, de Breslau.

ALBERT, *ému.*

De Breslau !

PAUL.

Oui, un oncle, un peintre, l'avait appelé près de lui à Berlin.

ALBERT, *vivement.*

Le nom de ce peintre?

PAUL.

Walter.

ALBERT.

Paul !

PAUL.

Vous savez mon nom ?

ALBERT.

Paul, tu ne devines pas le mien ?

PAUL.

Est-il possible?

ALBERT.

Oui.

PAUL.

Albert? (*Ils se jettent dans les bras l'un de l'autre*).

ALBERT.

Oui, Albert, ton frère.

PAUL.

Oh ! voilà bien longtemps que pareil bonheur ne m'était arrivé de sentir contre ma poitrine la poitrine d'un homme !

ALBERT, *lui tendant la main.*

Pauvre Paul !

PAUL.

Heureux Paul, en ce moment !... mais mon bonheur est empoisonné par le souvenir de ce que tu m'as dit, tout-à-l'heure : « Touchez-là, nous sommes égaux. » Egaux! tu as donc bien souffert? tu es donc bien malheureux, toi aussi?

ALBERT.

Oui, bien malheureux : à peine étais-je arrivé à Berlin, il y a dix-sept ans, que mon oncle mourut, ne me laissant rien que quelques leçons et ses pinceaux. Nos parents étaient pauvres : retourner près d'eux, c'eût été leur imposer une charge de plus. D'ailleurs j'avais déjà dix-neuf ans et quelques dispositions pour la peinture. Je voulais me suffire à moi-même, et je nourrissais l'espoir d'être un jour utile à ma famille. Je me mis au travail avec ardeur... Malheureusement, le hasard me fit rencontrer une de ces femmes d'aventure, plus étourdies que perverses, pauvres folles, mal dirigées d'abord, séduites après, abandonnées ensuite et qui dès lors acceptent tous les ans, tous les six mois, un nouvel amour. Son enjouement, sa beauté m'avaient distrait quelques semaines, et il y avait près d'un an que je n'en avais entendu parler, lorsqu'un jour je reçois une lettre où l'on me prie de passer à l'hospice ; j'arrive, et je trouve cette femme près de mourir. Un prêtre était à côté d'elle ; à ma vue, son regard s'anime, sa joue se colore et avec un sourire angélique, elle me prend la main et me désignant un berceau : « Il y a là, me dit-elle, un enfant dont vous êtes le père, je le jure sur le Christ qui m'a pardonné mes fautes, et qui, en ce moment, m'envoie la consolation de vous voir; sur le point de paraître devant Dieu, je ne puis mentir : cette enfant est votre fille. » La solennité de sa parole et de ce moment suprême ne me permit pas le doute, et je dis à la mère mourante : Mourez en paix, pauvre femme, vous ne laissez pas cette enfant sans appui, puisque vous lui laissez un père. Un instant après elle expira en me bénissant.

PAUL.

Quoi ! cette jeune fille qui m'a reçu...

ALBERT.

C'est elle, c'est ma fille.

PAUL.

Noble enfant !

ALBERT.

Je la fis élever en secret, loin d'ici.

PAUL.

En secret ? pourquoi ? tu ne l'as donc pas reconnue ?

ALBERT.

Le pouvais-je? Un ami éclairé me conseilla, dans l'intérêt même de mon enfant, de prendre ce parti.

PAUL.

Comment ?

ALBERT, *avec ironie.*

Les hommes qui dirigent et protégent les arts, veulent, exigent des mœurs.

PAUL.

Chez les autres !

ALBERT.

Oui, et c'était bien assez de la haine de mes ennemis, sans leur fournir encore un prétexte de me décrier, de me nuire auprès des puissances. J'ai toujours attendu la fortune pour n'avoir plus besoin de personne et pour reconnaître ma pauvre Lucia.

PAUL.

Oui, je comprends, tu as raison.

ALBERT.

J'ai consacré à son éducation tout le produit d'un travail obstiné... mes premiers efforts furent assez heureux; mais il est un point, dans les arts, difficile à franchir, surtout pour celui qui cherche à sortir de la route battue. L'envie, la malveillance, la calomnie sont là pour lui fermer le passage... peut-être aussi trop d'orgueil de ma part... Enfin un dépositaire infidèle et une longue maladie m'enlevèrent toutes mes ressources.

PAUL.

Pauvre Albert !

ALBERT.

Ne pouvant plus payer la pension de Lucia, il y a un an que je la rapprochai de moi ; mais nul, excepté toi et Marthe, ne sait que Lucia est ma fille.

PAUL.

Allons, du courage, Albert; et surtout plus d'orgueil, cette source éternelle des plaintes injustes, des prétentions exagérées et de bien des revers.

ALBERT, *avec conscience.*

Oui, tu as raison, c'est l'orgueil qui m'a perdu.

PAUL.

Désormais, mon ami, patiente au lieu de t'irriter ; travaille au lieu de murmurer; bénis enfin au lieu de maudire. Tu es jeune encore, et toute espérance n'est pas éteinte.

ALBERT.

Non, peut-être, car au milieu de mes angoisses, brûlé par les ardeurs de la fièvre, j'ai fait un tableau d'histoire; mais j'ignore si le prince l'achètera pour sa galerie, si même je serai admis à le lui présenter.

PAUL.

Il faut l'espérer, et se consoler si cette espérance est déçue.

ALBERT.

Je dois revoir un personnage influent, chez un riche banquier qui a beaucoup d'amitié pour moi et à la fille duquel j'ai donné des leçons de peinture. Noble fille, élève reconnaissante, qui défend son maître envers et contre tous.

PAUL.

Parlez-moi des femmes pour apprécier les artistes et plaindre les malheureux! sans les femmes, l'art s'en irait de ce monde et le malheur y resterait.

ALBERT.

Et tiens, cela me rappelle que je dois, dans une heure, lui apporter quelques dessins qu'il faut que j'aille prendre dans mon logement de Berlin, où tu vas me suivre.

PAUL.

Te suivre! Non, Albert, non. Je sors de prison comme un criminel; et si on venait à découvrir que je suis ton frère, mon malheur rejaillirait sur toi.

ALBERT.

Ta délicatesse ne saurait ébranler ma résolution. Pas un instant à perdre, il se fait tard; tu vas me suivre chez moi, où ma garde-robe suppléera à l'insuffisance de ta toilette. Mais avant... (*Il appelle Lucia.*) Lucia! — Il faut que je te présente ta nièce.

PAUL.

Albert, je t'en supplie, la prudence exige...

SCÈNE XV.

MARTHE, PAUL, ALBERT, LUCIA.

LUCIA.

Mon père?

ALBERT.

Embrasse ton oncle.

LUCIA.

Mon oncle!

PAUL.

Oui, mon enfant, votre oncle; non pas un oncle d'Amérique... vous voyez.

LUCIA.

Eh! qu'importe? un frère de mon père! (*Elle l'embrasse.*)

ALBERT.

A la bonne heure. Et maintenant, partons; nous nous réunirons tous demain. A demain donc, Lucia.

LUCIA.

A demain, mon père; à demain, mon oncle. (*Ils sortent.*)

MARTHE, *entrant.*

Lucia? la voiture nous attend.

LUCIA.

Silence!

ACTE II.

Salon; porte au fond; portes latérales à gauche et à droite. Flambeaux allumés.

SCÈNE I.

MARTILLY, MATHILDE, LUCIA, *puis* MARTHE. *Lucia et Marthe sortant de la droite, arrivent sur la scène; on entend la musique, puis des applaudissements.*

LUCIA.

Viens, partons; il est une heure du matin; nous avons attendu assez longtemps.

MARTILLY, *arrivant du fond avec Mathilde.*

Bravo! bravo! ma fille, exécution admirable! applaudissements universels!

MATHILDE.

C'est à mademoiselle Lucia que ces applaudissements reviennent, car je n'aurais jamais triomphé des difficultés de ce morceau, si elle n'avait eu la patience de me le faire répéter en particulier pendant deux heures.

LUCIA.

Oh! ce n'est pas moi... mais je suis heureuse de votre triomphe; permettez-moi de vous en féliciter et de prendre congé de vous.

MARTILLY, *à Lucia.*

Est-ce que vous voudriez partir?

LUCIA.

Oui, il est si tard!

MATHILDE.

Ma chère amie, vous ne pouvez point sortir par le temps qu'il fait.

MARTILLY.

Une pluie épouvantable! d'ailleurs personne ne vous attend, personne n'est inquiet sur votre compte... (*A part.*) Quand on n'a pas de parents...

MATHILDE.

Et puis, je viens de parler de vous à plusieurs dames qui m'ont complimentée; il faut que vous paraissiez au bal... il faut que je vous montre, que je vous présente, j'y tiens... Venez donc.

LUCIA.

Il nous faut partir... Le bruit, les fêtes, l'éclat, rien de cela n'est fait pour moi.

MATHILDE.

Tenez, puisque vous refusez de vous montrer, puisque vous n'avez pas voulu de toute la soirée sortir de ce cabinet, nous allons y souper ensemble... Allons, rien que nous trois... mais vous chanterez pour moi, pour moi seule, l'air que vous m'avez fait répéter et que vous chantez si bien.

MARTHE, *bas.*

Tu ne peux pas refuser.

LUCIA.

Vous le voulez?

MATHILDE.

Vous êtes charmante: suivez-moi donc, ma savante maîtresse! (*Elles sortent par la droite.*)

SCÈNE II.

MARTILLY, MULLER.

MULLER, *à part, en entrant.*

Je n'ai pas encore pu parler à la petite, pour savoir... Mais elle n'est pas partie, et...

MARTILLY.

Eh bien, monsieur Muller, vous quittez le bal?

MULLER.

Mademoiselle Mathilde n'y est pas; c'est tout vous dire.

MARTILLY, *souriant.*

Je vous vois venir, vous allez encore me parler...

MULLER.

Ma persistance n'est-elle pas toute naturelle? Mathilde est la plus aimable, la meilleure des femmes...

MARTILLY.

Oui, mais elle a un grand défaut que vous auriez dû remarquer mieux que personne.

MULLER.

Un défaut? lequel?

MARTILLY.

Elle ne vous aime pas.

MULLER.

Est-ce à cause que je ne suis plus jeune? mais il me semble qu'à trente-quatre ans...

MARTILLY.

Non, ce n'est pas là ce qui vous nuirait, au contraire. Elle a des goûts raisonnables et sévères; elle trouve que la jeunesse est frivole; et vous savez vous-même qu'elle a déjà refusé plusieurs riches et brillants partis pour cet unique motif.

MULLER.

Eh bien alors, pourquoi me refuserait-elle?

MARTILLY.

Je viens de vous le dire, parcequ'elle ne vous aime pas.

MULLER.

Elle m'aimera.

MARTILLY.

Ne croyez pas ça.

MULLER.

Comment le savez-vous?

MARTILLY.

Ce matin encore, je lui ai parlé de vous, avec précaution, comme je fais toujours, de peur de l'effrayer... (*Mouvement de Muller.*) De la contrarier, car vous le savez, j'ai pour elle la plus vive affection; elle me gouverne; et je suis résolu à la laisser choisir son mari, pourvu que ce soit un honnête homme.

MULLER.

Et que vous a-t-elle répondu?

MARTILLY.

Qu'elle en aime un autre... un autre qu'elle ne m'a pas nommé, parce qu'il ne s'est pas encore déclaré, par discrétion, à ce qu'il paraît.

MULLER, *à part.*

Oh! je connais son nom, moi.

MARTILLY.

Elle attend sa déclaration et puis un événement pour me mettre dans la confidence.

MULLER, *à part.*

Je connais aussi l'événement, l'acquisition de son tableau par le prince. Le prince n'en veut pas; il est refusé.

MARTILLY.

Vous voyez, mon cher ami...

MULLER.

Tenez, écoutez-moi, je vais vous dire...

SCÈNE III.

RAOUL, MARTILLY, MULLER.

RAOUL, *entrant.*

Ah! vous voilà, Martilly!

MULLER, *à part.*

Encore lui! il arrive toujours quand je commence à parler de ma grande affaire.

RAOUL, *à Martilly.*

On vous demande de tous les côtés; des joueurs décavés ont besoin de votre bourse.

MARTILLY.

Ah! diable! je cours...

MULLER.

Nous reprendrons plus tard cet entretien.

RAOUL.

Au sujet de la bonne Mathilde? si vous m'en croyez, Martilly, vous ne le choisirez pas pour gendre. Vous êtes très-riche, c'est de la gloire qu'il vous faut dans votre famille. Choisissez, qui dirai-je? un artiste; monsieur Muller n'est qu'un demi millionnaire ça ne signifie rien; c'est à la portée de tout le monde... Un héritage, un hasard, une mauvaise action, tandis que le mérite..

MARTILLY.

Je vous laisse quereller suivant votre habitude. (*Il sort par la gauche.*)

SCÈNE IV.

RAOUL, MULLER.

MULLER.

Savez-vous bien, monsieur d'Aremberg, que vos continuelles plaisanteries me blessent?

RAOUL.

Que voulez-vous? j'aime, je fréquente les artistes, moi; c'est parmi eux que j'ai appris à être sincère; oui, monsieur, ne pouvant leur prendre leur talent, j'ai pris leur franchise, et après tout, la franchise est aristique aussi, vu la rareté.

MULLER.

Mais, monsieur, pourquoi détourner Martilly de me donner sa fille?...

RAOUL.

Parce que je m'intéresse à elle et que vous ne seriez pas un bon mari.

MULLER, *s'emportant.*

Monsieur!

RAOUL.

Ah ça, voyons, est-ce que vous voulez vous battre avec moi? vous en avez essayé une fois; vous savez bien que vous n'êtes pas de force, que diable! je pouvais vous tuer; il ne tenait qu'à moi de vous planter mon épée dans la poitrine; je ne l'ai pas fait; laissez-moi donc vous donner quelques coups d'épingle; vous y gagnez, soyez reconnaissant.

MULLER.

Eh! monsieur, je n'ai point passé, comme vous, toute ma jeunesse au tir où dans les salles d'armes, à manier le fer.

RAOUL.

Vous avez mieux aimé manier l'or; ça vous a réussi; et vous n'êtes pas content, et vous voulez ajouter à votre fortune celle d'une fille unique! c'est trop.

MULLER.

Ce n'est pas à cause de la fortune de Martilly, que je recherche la main de sa fille, c'est à cause de sa probité, de la considération dont il jouit.

RAOUL.

Est-ce que, par prévoyance, vous auriez besoin de cette considération? Tenez, parlons artistiquement, c'est-à-dire franchement : il circule un bruit sourd qui n'est point encore parvenu aux oreilles de ce brave Martilly.

MULLER.

Quel bruit, monsieur?

RAOUL.

Quelques-uns se disent tout bas qu'on ne sait pas trop d'où vous venez, vous et votre fortune.

MULLER, *audacieusement.*

Ma fortune, je la dois à mon travail, à un travail honorable; j'ai la confiance du prince.

RAOUL.

Ces pauvres princes! ils sont quelquefois d'une bêti... d'une bonté! Le nôtre est amateur de tableaux, de médailles, d'antiquailles, de ferrailles... vous brocantez ces marchandises là; vous découvrez des niaiseries rouillées, ou vous en faites faire; puis, vous les offrez au prince, en lui disant que lui seul, sur le globe, a de pareils morceaux; vous flattez sa manie de choses vermoulues; voilà l'origine de votre faveur.

MULLER.

Eh bien?

RAOUL, *souriant.*

Eh bien, l'origine de votre faveur je la trouve bouffonne. (*Sérieux*) mais celle de votre fortune n'est peut-être pas aussi plaisante.

MULLER.

Oh! monsieur d'Aremberg, vous ne me dites pas là ce que vous pensez.

RAOUL.

Pas tout ce que je pense, cela est vrai.

MULLER.

Enfin, où voulez-vous en venir?

RAOUL.

A vous conseiller instamment de renoncer à Mathilde, de ne plus lui parler, de ne plus chercher à noircir à ses yeux mon maître Albert... Si je ne lui fais pas honneur comme élève, je veux lui être utile comme ami, et je ne vous pardonne pas la haine qu'il vous inspire.

MULLER.

De la haine, moi, quelle erreur! j'ai des billets de lui que le mouvement des affaires a fait tomber entre mes mains, et je ne le poursuis pas.

RAOUL.

Albert a des dettes?

MULLER.

Beaucoup.

RAOUL.

Cédez-moi ces créances.

MULLER.

Non.

RAOUL.

Je les acquitte à l'instant; c'est bien le moins que je lui doive pour les leçons de peinture qu'il me donne et qui lui font plus de tort que de profit. C'est vrai, [illegible] [illegible] compromets; je ne fais que des croûtes. Donnez-moi ces créances.

MULLER.

Du tout. S'il me plaît d'être aussi généreux que vous, de les anéantir?

RAOUL.

Allons donc! vous, un homme d'affaires, gâter le métier? je vous rends justice, je vous en proclame incapable.

MULLER.

Cela est ainsi pourtant; loin de haïr Albert, je l'estime, je l'aime; et la preuve, c'est que si je voulais le perdre, il ne tiendrait qu'à moi; je n'aurais qu'à parler, et je me tais.

RAOUL.

Et que pourriez-vous dire?

MULLER.

Qu'égaré par ses idées politiques, il fait partie d'une conjuration mystérieuse dont les ramifications s'étendent sur toute l'Allemagne.

RAOUL.

C'est une calomnie.

MULLER.

Je le crois, est c'est précisément ce que je disais au prince, qui m'en parlait l'autre jour.

RAOUL.

Mais comment se fait-il que le premier gentilhomme de la

chambre du prince, qui ne voit que par vos yeux en fait d'art, n'admette pas le tableau d'Albert ?

MULLER.

Je l'ignore.

RAOUL.

Vous l'ignorez? En êtes-vous bien sûr ?

MULLER, *en colère.*

Monsieur !

RAOUL, *faisant signe de sortir.*

Si vous voulez, je veux bien.

MULLER, *à part.*

Oh ! tu me paieras cher tes insultes. (*Haut.*) Monsieur, je crois qu'il n'est convenable ni pour vous ni pour moi de prolonger cette conversation.

RAOUL.

Eh bien, finissons; mais souvenez-vous, monsieur Muller, que je porte le plus vif intérêt à mon maître. Je pars pour Florence ce matin, dans deux heures; on dit que c'est par là que vous êtes né, que vous avez passé votre jeunesse ; c'est là du moins qu'à mon dernier voyage on m'a parlé de vous pour la première fois. Ce que j'ai vaguement entendu dire sur votre compte à cette époque, je puis maintenant me le faire expliquer, et je vous avoue, toujours artistiquement, que si je découvre quelque chose, je parle.

MULLER, *audacieusement.*

Je ne crains rien.

RAOUL, *continuant.*

A moins que vous ne cessiez de nuire à Albert, auquel cas...

SCENE V

MULLER, RAOUL, ALBERT.

ALBERT, *à Raoul.*

Mon ami, on demande un quatrième joueur à une table de whist, et je me suis chargé de vous y envoyer.

RAOUL, *prenant la main à Albert.*

J'y vais, mon maître, mon noble maître. Vous n'avez rien à m'ordonner pour Florence ? je pars dans deux heures.

ALBERT.

Vous allez chercher quelque tableau, quelque portrait?

RAOUL.

Oui, il y a un certain portrait que je veux me procurer

ALBERT.

J'y suis: une de ces copies qu'on s'arrache en ce moment à Florence et qui reproduisent les traits de la comédienne Benaschi, une beauté angélique ?

RAOUL, *avec intention.*

Non, il n'y a rien d'angélique dans ce que je cherche, c'est plutôt du diabolique... à revoir.

ALBERT.

A revoir.

SCENE VI.

LES MÊMES, PAUL.

PAUL, *arrivant agité, dit à Raoul.*

Pardon, monsieur, je cherche monsieur Albert.

RAOUL.

Le voici. (*Il sort.*)

ALBERT, *à part.*

Paul !

PAUL.

Mon ami, je viens... (*Remarquant Muller, il s'interrompt.*)

MULLER, *après l'avoir regardé.*

C'est singulier ! il me semble que je connais cet homme ! Et il apelle Albert son ami... oh ! si c'était... (*Il sort.*)

SCENE VII.

PAUL, *décemment vêtu,* ALBERT.

ALBERT.

Eh ! mon Dieu! qu'as-tu donc, et quel motif t'amène-ici?

PAUL.

Une mauvaise nouvelle.

ALBERT.

Quoi ?

PAUL.

Les huissiers ont envahi ta maison.

ALBERT.

Est-il possible ! Mes créanciers m'avaient dit pourtant, il y a quelques jours, qu'ils attendraient encore. Une invisible main les a déchaînés contre moi

PAUL.

Que vas-tu faire ?

ALBERT.

Le sais-je ? ce coup inattendu me met au désespoir.

SCÈNE VIII.

LES MÊMES, MARTILLY, *un sac d'argent à la main, venant de la gauche.*

MARTILLY, *à Albert.*

J'en étais sûr ! Si l'on veut vous trouver pendant une soirée, ce n'est pas dans les groupes qu'il faut vous chercher, mais dans un endroit solitaire.

ALBERT.

Pardon ; je suis fatigué ; j'ai besoin de quelques instants de repos.

MARTILLY.

Vous êtes fatigué ? mon cher, faites comme chez vous. (*Se tournant vers Paul.*) Mais, monsieur, qui est...

ALBERT.

C'est mon...

PAUL, *vivement.*

Je suis un ancien ami de monsieur Albert, je le revois après dix ans de séparation... j'avais à lui parler d'une affaire importante, pressée, et j'ai pris la liberté...

MARTILLY.

Et vous avez, pardieu ! très-bien fait. Les amis de monsieur Albert sont les miens et personne ici n'est jamais mieux accueilli, que lorsqu'il y paraît sous ses auspices.

PAUL.

Monsieur...

MARTILLY.

Je vous engage donc, monsieur, à venir vous mêler à nos danses.

PAUL.

Je n'ai jamais dansé.

MARTILLY.

Vous ferez une partie.

PAUL.

Je n'ai jamais joué.

MARTILLY.

Ah ! eh bien, on va chanter un chœur, et vous pourrez..

PAUL.

Je n'ai jamais chanté.

MARTILLY.

Ah ! eh bien, on soupera dans quelques minutes...

PAUL.

Je n'ai jamais... je n'ai besoin de rien.

MARTILLY.

Venez au moins voir le coup d'œil de ma fête.

ALBERT, *bas à Paul.*

Oui, va, laisse-moi seul, j'ai besoin de réfléchir.

PAUL, *à Martilly.*

Allons, monsieur.

MARTILLY, *à part.*

C'est un philosophe, bien sûr. (*Il sort avec Paul.*)

SCENE IX.

ALBERT *seul d'abord, puis* MATHILDE.

ALBERT, *seul.*

Que faire ? que devenir ? (*Ici Mathilde paraît, et écoute.*) Mes ressources sont épuisées, et mon tableau, je l'ai appris en entrant ici, est refusé par le prince. A qui m'adresser ? à qui recourir ! Oh ! je suis le plus malheureux des hommes.

MATHILDE.

Eh bien, monsieur, rompez enfin le silence, déclarez-moi que vous m'aimez depuis trois ans; marions-nous et vous serez tranquille.

ALBERT.

Mathilde ! vous m'écoutiez ?

MATHILDE.

Du tout... mais j'ai entendu

ALBERT.

Mathilde, vous êtes la plus généreuse des femmes; et plusieurs fois déjà, touchée de mon sort et pour me faire accepter des offres qui pouvaient m'humilier, vous avez eu la magnanimité de me donner à entendre que votre noble main toute pleine des biens, que j'ai dû refuser, pouvait un jour m'appartenir.

MATHILDE.

Si vous étiez heureux, Albert, je n'aurais pas été la première à vous laisser pénétrer mes sentiments; j'aurais attendu l'hommage de votre amour; mais vous êtes malheureux, méconnu, calomnié, et je dois vous tendre ma main, lors même que vous vous obstinez à ne pas me présenter la vôtre.

ALBERT.

Vous savez ce que déjà j'ai répondu à votre angélique bonté?

MATHILDE.

Oui, que vous n'êtes plus jeune, que vous êtes pauvre... Eh bien! j'ai de la richesse pour deux, moi, et de la jeunesse pour deux, quoique cela me donne l'air de n'avoir pas de modestie pour un.

ALBERT.

Mathilde!

MATHILDE.

Mais si vous n'avez rien des choses que le hasard seul donne, vous avez ce que donne une noble volonté: de la délicatesse dans les sentiments, de l'élévation dans les idées, et un talent qui n'est jamais descendu à des concessions viles! Et moi, qui vois tout cela, je vous aime comme une sœur, comme une amie, comme une protectrice... Oui, monsieur, j'éprouve pour vous tous les amours, moins celui, peut-être, qui passe si vite et que le temps emporte avec les éphémères avantages qui l'ont produit.

ALBERT, *attendri.*

Oh!

MATHILDE.

Ce sont là, je crois, d'excellentes, de solides dispositions pour le mariage, et à moins que je ne vous sois entièrement indifférente...

ALBERT.

Vous, Mathilde!... Il faudrait, pour cela, que je n'eusse ni intelligence ni cœur! Moi aussi, je vous aime! non de cet amour de la première jeunesse, qui, en effet, brille et passe comme un éclair, mais de cette amitié douce et profonde qui dure toujours.

MATHILDE.

Eh bien! alors, rien ne s'oppose à notre mariage. Vous êtes un homme de cœur et de talent; moi, du moins à ce qu'on dit, je ne manque ni de l'un ni de l'autre; cela fera, je vous assure, l'union la mieux assortie.

ALBERT.

Nous ne sommes pas assortis du côté de la fortune... Je n'ai rien, et vous avez beaucoup!...

MATHILDE.

Eh bien! monsieur, par la vertu du mariage, en retranchant une moitié du côté qui a beaucoup, et la portant sur le côté qui n'a rien, on établit encore sur ce point la ressemblance. Entre époux tout n'est-il pas commun?

ALBERT.

Vous avez des raisons pour tout! Mais, votre père..

MATHILDE.

Mon père?... c'est la plus faible de vos objections. Je pourrais me contenter de vous dire qu'il fait aveuglément tout ce que je veux; mais je dois ajouter que sous l'enveloppe d'un financier, il porte une âme délicate et une haute intelligence. Savez-vous ce qu'il me répondra, quand je lui dirai que je veux que vous soyez son gendre? Ma fille, tu as très-bon goût, tu ne pouvais pas mieux choisir; puis il m'embrassera. Eh bien! monsieur, avez-vous encore, dans l'arsenal de vos susceptibilités, quelque argument contre mon vœu le plus cher?

ALBERT.

Mathilde! je tombe à vos pieds et je vous remercie!... (*On entend la musique d'une contredanse.*)

MATHILDE.

Le remercîment est de trop; mais j'accepte cette attitude, elle constate ma victoire!

ALBERT, *se relevant.*

Vous voyez avec quel bonheur je me laisse vaincre!...

MATHILDE, *remontant.*

Eh bien, monsieur, entendez-vous l'orchestre? pour célébrer mon triomphe et établir mon empire, je veux que vous veniez à l'instant danser avec votre future.

ALBERT, *à part, prenant la droite.*

Ah! mon Dieu! et moi qui oubliais...

MATHILDE.

Qu'avez-vous donc?

ALBERT, *à part.*

Comment lui dire maintenant que j'ai une fille!

MATHILDE.

Albert, d'où vient ce trouble subit?

ALBERT, *à part.*

Cependant il le faut, l'honneur l'exige.

MATHILDE.

Vous êtes tout ému et tout tremblant.

ALBERT.

Il convient que je sois ainsi, Mathilde, car je suis coupable.

MATHILDE.

Coupable?

ALBERT.

J'ai un aveu à vous faire, un pardon à vous demander.

MATHILDE.

Eh bien, avouez vite, que je vous pardonne; et allons danser!

ALBERT.

Oh! je n'aime pas à vous voir ainsi, Mathilde, heureuse, épanouie; j'aimerais mieux vous voir soucieuse, inquiète.

MATHILDE.

Pourquoi donc cela?

ALBERT.

Parce que je crains que mon aveu ne fasse trop brusquement irruption dans votre joie et ne vous blesse trop vivement au cœur.

MATHILDE.

Albert, dites-moi que vous m'aimez; que depuis trois ans votre cœur ne m'a pas été infidèle?

ALBERT.

Je le jure!

MATHILDE, *soulagée et gaîment.*

Eh bien, alors, monsieur, il ne me plaît pas de m'alarmer; et allons danser.

ALBERT.

C'est qu'il est une chose que vous ignorez, que votre père ignore aussi, et que je dois vous dire. Il y a une faute dans mon passé.

MATHILDE.

Une faute! l'avez-vous commise avant de venir ici me donner des leçons de peinture?

ALBERT.

Oui, Mathilde.

MATHILDE *gaîment.*

Alors, je ne veux pas la connaître; et allons danser.

ALBERT.

Oh! mais je dois vous la dire, je dois la dire à votre père... j'aurais du remords de vous tromper sur mon compte; l'honneur m'ordonne de parler.

MATHILDE, *souriant.*

Voyons, mon ami, répondez sérieusement, si vous pouvez, aux deux questions que je vais vous faire.

ALBERT.

Oui.

MATHILDE, *riant.*

Avez-vous jamais rien dérobé à personne?

ALBERT.

Jamais.

MATHILDE, *riant plus fort.*

Ah! ah! ah! avez-vous donné la mort à quelqu'un?

ALBERT.

La mort! moi?

MATHILDE.

Voilà tout, Albert; je ne veux rien savoir de votre passé; il importe même à mon amour que je l'ignore... j'aime mieux rester dans les vagues pensées de ces sortes de choses que d'entendre prononcer des noms propres, détailler des circonstances et faire des portraits. Albert, je vous sais gré de votre délicatesse, et j'y répondrai dignement: Quoique vous ayez fait, mon ami, je vous prie de n'en rien dire à mon père

ALBERT.

Mais...

MATHILDE.

Donnez-moi votre parole que vous ne lui direz rien; je le connais, cette imprudence pourrait tout compromettre. Enfin, monsieur, après tout, cela ne regarde que moi, et moi, je vous pardonne... (*Mouvement d'Albert.*) Qu'il n'en soit plus question n'insistez pas, taisez-vous, je le veux. Esclave, soyez docile! je vais vous attendre, vous viendrez danser. (*Elle sort gaîment par le fond.*)

SCÈNE X.

ALBERT, *seul.*

Bonne et généreuse Mathilde! Elle ne veut rien savoir; elle me pardonne tout; elle me défend de parler à son père; mais lui obéir, imposer silence à mes scrupules, c'est impossible. Je ferai mon devoir.. et puis, s'il est vrai que Mathilde ait un empire absolu sur l'esprit de son père, cet aveu n'empêchera pas notre mariage.

SCÈNE XI.

ALBERT, LUCIA.

LUCIA, *à la cantonnade.*

Oui, Marthe, je vais prendre congé de mademoiselle Mathilde, et nous partons...

ALBERT, *se retournant.*

Cette voix!... Lucia!

LUCIA.

Mon père!

ALBERT, *au comble de l'étonnement.*

Toi ici, ma fille!

LUCIA, *embarrassée.*

J'étais loin de m'attendre à vous y rencontrer. Ne me grondez pas; je vous avais promis de ménager ma santé, de renoncer au travail, la nuit; mais j'ai une nouvelle écolière, si bonne, si aimable! Hier, elle m'a priée de venir lui faire répéter quelques morceaux de musique pour cette soirée, et je n'ai pas pu lui refuser. Je suis venue avec Marthe.

ALBERT.

Comment, tu donnes des leçons à mademoiselle Martilly?

LUCIA.

Oui, et si vous saviez quels égards elle a pour moi, combien elle m'aime! Mais vous devez connaître toutes ses bonnes qualités, mon père, puisque, à ce qu'il paraît, vous êtes un des amis de la maison.

ALBERT.

Oui, c'est le plus noble cœur, l'intelligence la plus distinguée, c'est un ange!

LUCIA.

Avec quel feu vous dites cela!

ALBERT.

C'est qu'après toi, ma fille, c'est la femme que j'aime le plus au monde!

LUCIA.

Quoi!

ALBERT.

C'est qu'elle peut devenir pour toi une amie, une protectrice, une mère!

LUCIA, *avec joie.*

Mademoiselle Mathilde?

SCÈNE XII.

MULLER, *au fond, sans être vu;* ALBERT LUCIA,.

MULLER, *à part.*

Ensemble!... je ne m'étais donc pas trompé? (*Il fait signe au dehors.*)

ALBERT.

Oui, Lucia, ne dis rien de ce secret à personne, il t'intéresse autant que moi. Bientôt, peut-être, je serai l'époux de Mathilde.

LUCIA.

Vous?

ALBERT.

Oui; mais, sois tranquille. Je te l'ai dit, je t'aime encore plus que je ne l'aime, et ce mariage ne t'enlèvera rien de mon amour.

MULLER, *à part, ayant gagné la porte de gauche.*

Je comprends. (*Il disparaît un instant.*)

ALBERT.

Mais il est tard; il faut te retirer; je vais faire avancer une voiture et te joindre ici. Demain, j'irai te voir et je te dirai tout.

LUCIA, *à part.*

Oh! maintenant qu'il sera heureux, je serai heureuse aussi! (*Albert sort par le fond; Lucia entre à droite, après avoir embrassé son père.*)

SCÈNE XIII.

MULLER, *seul.*

Eh bien! mais... cela n'est pas trop mal calculé... Et qu'on dise que les artistes n'entendent pas les affaires! Tudieu, l'ami! une maîtresse pour le bonheur, une femme pour la fortune, et la dot de la femme servant à satisfaire secrètement les fantaisies de la maîtresse! Ah! monsieur Albert, je vous en voulais déjà beaucoup de vos sarcasmes contre ce que vous appelez ma probité suspecte! maintenant je sais que vous êtes un habile, et je ne vous pardonne pas de maltraiter ainsi vos confrères. J'ai fait signe à Martilly que j'avais à lui parler; il va venir; je lui dirai ce qui se passe; ce ne serait pas mon intérêt, que ce serait mon devoir... Allons, tout va bien: je suis sûr à présent d'épouser Mathilde; je n'en suis pas fou, et c'est tant mieux: l'amour ne fait faire que des sottises, exemple: maître Albert. Décidément, il faut n'aimer que soi; c'est le seul amour sage, le seul qui ne finisse pas. Oh! mais, j'admire en vérité comme les choses ont tourné depuis hier!.... ce diable de Raoul me faisait peur; il s'était déclaré le défenseur, le protecteur de mon rival, et le drôle n'est pas tendre quand il en veut à quelqu'un! (*Avec colère.*) J'ai reçu de lui un coup d'épée que j'ai sur le cœur, et qu'il me paiera cher un jour! En attendant, lorsqu'il saura ce qui arrive, il abandonnera la cause de son maître, et si cela ne suffit pas, je suis sur la trace d'une autre découverte. Cet ami d'Albert, présenté par lui, ce soir, dans cette maison, je crois bien le reconnaître... S'il le faut donc, je mettrai encore le feu à cette mine, et Albert ne s'en relèvera pas!

SCÈNE XIV.

MARTILLY, MULLER.

MARTILLY.

Eh bien! qu'est-ce que vous me voulez, monsieur Muller?... j'ai attendu la fin de la sonate, et me voilà.

MULLER.

Je désirerais vous parler.

MARTILLY, *souriant.*

En particulier et toujours de la même chose? Eh bien, soit, oui, écoutez, j'ai aussi l'intention de m'expliquer franchement avec vous.

MULLER.

Tant mieux, je suis très-partisan de la franchise.

MARTILLY.

Ma fille vient de me dire qu'Albert doit me demander sa main; vous me faites la même demande. Si j'avais été chargé tout seul de choisir, j'aurais pu balancer un peu. Vous, riche déjà, vous pouvez le devenir plus encore; Albert, artiste malheureux jusqu'ici, peut un jour ou l'autre triompher de la mauvaise fortune. C'est un honnête homme, vous n'êtes pas un coquin. Il y avait de quoi hésiter pour moi. Dans cette position, j'ai dû ne consulter que ma fille. Elle ne vous aime pas, elle aime Albert; Albert l'épousera; ne m'en veuillez pas, donnez-moi la main, et n'en parlons plus.

MULLER.

Monsieur Martilly, vous ne méritez pas le service que je vais vous rendre.

MARTILLY.

Un service?

MULLER.

Qui peut paraître intéressé de ma part, si vous voulez; mais cette considération ne doit pas arrêter un galant homme.

MARTILLY.

Qu'est-ce donc?

MULLER.

Vous croyez qu'Albert aime mademoiselle Mathilde?

MARTILLY.

J'en suis sûr.

MULLER.

C'est une erreur.

MARTILLY.

Puisqu'il doit me demander sa main!

MULLER.

Il ne vise qu'à votre fortune.

MARTILLY.

Lui! non, je le connais; le cœur le plus délicat et le plus

tendre !

MULLER.

Tendre, oui, mais pas pour votre fille.

MARTILLY.

Pour qui donc ?

MULLER, *avec mystère.*

Pour une autre avec laquelle il a des liaisons secrètes.

MARTILLY.

On vous a trompé... c'est une calomnie, et je vous défie de nommer cette femme, de me la faire connaître.

MULLER, *désignant la droite.*

Elle est là.

MARTILLY.

Lucia !

MULLER.

C'est vous qui l'avez dit.

MARTILLY.

La preuve, monsieur, la preuve ?

MULLER.

J'ai surpris Albert embrassant Lucia, lui disant qu'il allait épouser mademoiselle Mathilde, mais qu'il ne cesserait pas de l'aimer, et la petite sournoise se prêtait à l'aventure, approuvait, répondait qu'elle serait plus heureuse.

MARTILLY.

Si cela était vrai ! si Albert avait pu faire cette abominable spéculation !

MULLER.

Vous pouvez vous convaincre vous-même qu'Albert aime Lucia; il fait en ce moment avancer une voiture pour la reconduire secrètement chez elle. Allez le trouver sans rien témoigner; amenez-le ici; moi je vais appeler la petite; je lui adresserai des hommages, une déclaration; faites-moi surprendre par Albert; vous serez témoin de l'effet produit sur lui, et vous ne douterez plus.

MARTILLY.

Les façons tortueuses me répugnent; mais l'intérêt de ma fille avant tout; je vais attirer Albert de ce côté, et si vous avez dit vrai, Muller, si vous ne l'avez pas calomnié, je le chasse de chez moi, et vous êtes mon gendre.

MULLER.

Merci, beau-père.

SCENE XV.

MULLER, puis LUCIA. (*Muller frappe à la porte de droite.*)

MULLER, *appelant.*

Mademoiselle Lucia ! mademoiselle Lucia !

LUCIA, *paraissant.*

Qui m'appelle ?

MULLER.

Mademoiselle...

LUCIA, *entrant en scène.*

Monsieur Muller ! Que me voulez-vous, monsieur ?

MULLER.

Mademoiselle Mathilde, occupée au salon, m'envoie vous dire d'aller l'y trouver, et c'est avec un grand bonheur que je me suis chargé de cette commission.

LUCIA.

Voulez-vous la prier, monsieur, d'avoir la bonté de venir près de moi ? je ne suis pas faite aux habitudes du grand monde, et je n'oserais me présenter. (*Ici Martilly, Paul et Albert paraissent au fond, où ils s'arrêtent.*)

MULLER.

Pourquoi donc cette modestie, mademoiselle ? N'êtes-vous pas faite pour briller partout où vous vous trouvez ?

SCÈNE XVI.

LES MÊMES, MARTILLY, ALBERT, PAUL.

LUCIA.

Vous êtes bien bon, monsieur.

MARTILLY, *à Albert et à Paul.*

Comment ! partir déjà !

MULLER.

Tant de talent, tant de beauté !

LUCIA.

Monsieur...

MULLER, *à part.*

Albert est là. (*Haut.*) Oh ! oui, vous êtes belle; ce n'est pas d'aujourd'hui que j'en fais la remarque. Et je me suis dit bien souvent : Ah ! si j'osais lui révéler ce qui est dans mon cœur et lui proposer, en échange de tant d'attraits, un amour passionné, une fortune considérable et un bonheur qui pour être secret n'en serait que plus doux... (*Il veut l'embrasser.*)

LUCIA, *reculant avec une dignité courroucée.*

Monsieur !

PAUL, *retenant Albert.*

Albert !

ALBERT, *courant à Muller.*

Misérable !

MULLER.

Qu'y a-t-il ?

MARTILLY, *à part.*

C'était donc vrai !

ALBERT.

Qu'avez-vous osé dire à cette jeune fille ?

MULLER.

Que vous importe ?

ALBERT.

Je vous défends de l'outrager désormais de votre regard.

MULLER.

Quoi ?

ALBERT.

Ou de votre parole.

MULLER.

Ah çà, monsieur, de quel droit ?...

ALBERT.

De quel droit ?

MULLER.

A moins que vous ne l'aimiez.

ALBERT.

Si je l'aime !

MULLER.

C'est donc votre maîtresse ?

ALBERT.

C'est ma fille !

MARTILLY.

Votre fille ?

MULLER, *à part.*

J'aime autant ça ! il est perdu dans l'esprit de Martilly.

ALBERT, *à Muller.*

Vous lui avez fait injure, monsieur ; vous êtes un lâche et je vous demande raison !

PAUL.

Quoi, Albert, un duel !

LUCIA, *se précipitant sur Albert.*

Mon père !

PAUL, *à Muller.*

Monsieur, écoutez-moi; tout duel est un crime et... (*Muller le regarde avec une attention croissante.*)

* Muller, Paul, Martilly, Albert, Lucia.

SCENE XVII.

MATHILDE, ALBERT, MARTILLY, LUCIA, MULLER, PAUL, RAOUL, HOMMES ET FEMMES DE LA SOIRÉE.

MATHILDE, *sans voir Lucia.*

Oh ! mon Dieu ! quels éclats ! qu'y a-t-il ?

MARTILLY.

Il y a que monsieur Albert ne mérite plus ni ton amour ni mon estime. Il nous avait caché les désordres de sa jeunesse. Il n'a jamais été marié, et il y a dans le monde quelqu'un qui peut l'appeler son père. (*Il désigne Lucia.*)

RAOUL, *à part.*

Lucia, la fille d'Albert !

ALBERT.

Oui, mademoiselle Mathilde, c'est l'aveu que j'avais à vous faire, et que votre noble générosité a arrêté sur mes lèvres.

MATHILDE, *qui a embrassé Lucia.*

Eh bien, Albert, je ne retire pas la parole que je vous ai donnée; je pardonne, je pardonne tout.

MARTILLY.

Mathilde, si ton cœur n'est pas changé, il n'en est pas de même de mes projets... Le devoir de monsieur Albert d'ailleurs est d'épouser la mère de sa fille.

ALBERT.

Elle est morte, il y a quinze ans, et j'aurais pu, comme bien d'autres, dans une égoïste prévision, jeter à la providence d'un hospice l'enfant que Dieu m'avait envoyé; je ne l'ai pas voulu : j'ai dû porter la peine de ma faute. Cette enfant a été un grand obstacle à ma fortune. L'amour inquiet que j'ai toujours eu pour elle, ma crainte pour son avenir, tout cela a brisé mon courage et paralysé mes forces. Si j'avais abandonné ma fille, je serais peut-être riche et renommé.

LUCIA, *à part.*

C'est de moi que lui viennent tous ses malheurs! (*Elle pleure.*)

MARTILLY.

Monsieur Albert, je sais aussi bien que personne ce qu'un père doit à ses enfants, et je n'oublierai pas ce que je dois à ma fille. Je vous plains et je n'ai peut-être pas cessé de vous estimer, mais il n'est pas possible que vous soyez mon gendre.

MULLER, *à part, regardant Paul.*

C'est lui, j'en suis sûr.

ALBERT.

Adieu, Mathilde, adieu. Je sors de cette maison pour n'y rentrer jamais.

MULLER.

Monsieur Albert, je vous attends.

ALBERT.

Je suis à vous.

LUCIA.

Mon père!

MATHILDE.

Albert!

ALBERT.

Il le faut.

MULLER.

Votre témoin?

ALBERT, *désignant Paul.*

Le voici.

MULLER, *désignant Paul.*

Monsieur?

LUCIA.

Mon père, vous ne vous battrez pas!

MULLER.

Soyez tranquille, mademoiselle; si votre père ne choisit pas un autre témoin, c'est moi qui refuserai de me battre.

ALBERT.

Et pourquoi cela?

MULLER.

Pourquoi?

ALBERT.

Oui.

MULLER.

Parce que je ne veux pas me battre avec un homme qui a pour témoin et pour ami un voleur!...

MARTILLY.

Un voleur!

MULLER, *continuant.*

Qui a passé trois ans dans les prisons de Turin.

MARTILLY, MATHILDE, RAOUL.

Ciel!

MULLER, *à Paul.*

Niez ce que je dis là si vous l'osez. (*Paul baisse la tête.*)

MARTILLY.

Eh quoi, monsieur Albert, cet homme est votre ami?

ALBERT, *passant près de Paul.*

Cet homme qu'une erreur de la justice a flétri, cet homme est plus que mon ami, il est mon frère.

TOUS.

Son frère!

MULLER, *à part.*

Son frère! ah! j'ai trop de bonheur aujourd'hui.

RAOUL, *bas à Lucia.*

Ne perdez pas courage, je vous suis dévoué. (*Il passe par derrière et va se mettre à la droite de Muller.*)

ALBERT, *à Muller.*

Quant à vous, qui refusez de me rendre raison, après avoir outragé ma fille et calomnié mon frère... (*Il lui arrache sa décoration en collier et la jette à terre, Muller se baisse pour la ramasser.*) Oui, baissez-vous, monsieur, pour la ramasser, absolument comme vous avez fait pour l'obtenir! Et maintenant, vous battrez-vous?

MULLER, *à part.*

O rage!...

RAOUL, *bas à Muller.*

Monsieur Muller, je pars pour Florence, vous aurez bientôt de mes nouvelles.

MULLER, *à part.*

Je serai marié avant ton retour.

ACTE III.

Même décor qu'au premier acte. Seulement, tous les meubles ont disparu, et les murs sont tapissés de tableaux. Un médaillon de quatre pouces de circonférence encadre le portrait de Lucia, fait par Albert; il est suspendu à gauche; un lambeau de Raphaël est à droite; table et chaise à gauche; chaise à droite.

SCÈNE I.

MARTHE, *sortant de la gauche, puis* LUCIA, *de la droite.*

MARTHE.

Plus rien ici qui nous appartienne; car bientôt la justice... plus rien pour subvenir aux besoins de la journée. Que de malheurs, mon Dieu! Et cette pauvre Lucia qui aurait besoin de tant de repos; cette noble enfant qui se meurt de chagrin et qui reste debout, qui sourit à son père pour le mieux abuser sur son état... Oh! cela me fend le cœur.

LUCIA, *pâle et faible.*

Marthe, mon père est-il rentré?

MARTHE, *la faisant asseoir à gauche.*

Pas encore... il est allé demander du temps à ses créanciers; car depuis un mois, depuis cette funeste soirée chez monsieur Martilly, il a été obligé d'augmenter ses dettes. Ta maladie a épuisé toutes ses ressources; il a réduit ses dépenses et il est venu se loger avec nous, pour n'avoir pas deux loyers.

LUCIA.

Et aucun de ses anciens amis n'est venu le voir? Ah! si monsieur Raoul n'était pas absent!

MARTHE.

Oui, depuis qu'on a su que son frère a été flétri par la justice, tous les amis de ton père l'ont abandonné; et puis on les a accusés tous deux de faire partie d'une société secrète et ils ont reçu un ordre de bannissement pour aujourd'hui, dans une heure. C'est l'infâme Muller qui est cause des malheurs de ton père; c'est lui qui a acheté toutes les créances et qui le fait poursuivre. (*Ici Mathilde entre laissant une femme de chambre à la porte.*)

LUCIA.

Oh! l'ingratitude et l'abandon des amis de mon père ne m'étonne pas; mais il est une personne...

SCÈNE II.

LUCIA, MARTHE, MATHILDE.

MATHILDE.

Moi, n'est-ce pas?

LUCIA, *se précipitant vers Mathilde.*

Ah! mademoiselle Mathilde, c'est-vous? Voici un mois que, chaque jour, il me semble que vous allez venir; je vous attends. (*Marthe sort par la gauche en essuyant ses yeux.*)

MATHILDE.

Ah! si vous saviez, Lucia, j'ai été si malheureuse, si souffrante!... il n'y a que deux jours que je puis sortir... et j'ai franchi tous les obstacles, j'ai bravé des préjugés cruels... ma conscience m'a conseillé de venir et je suis venue; me voici.

LUCIA.

Ah! c'est bien à vous de n'avoir pas oublié mon père... il va rentrer, attendez-le... votre vue lui donnera du courage... si vous voyiez comme il est changé!...

MATHILDE, *soupirant.*

Pauvre Albert!... Et vous, Lucia, vous ne paraissez pas bien, vous souffrez?

LUCIA.

Oh! bien moins maintenant... mais après la scène dont je fus témoin chez vous, le découragement et le désespoir s'emparèrent de moi; je sentis que j'étais la cause de tous les malheurs de mon père; que tant que je vivrais rien ne lui réussirait, que j'étais son mauvais ange.

MATHILDE.

Vous!

LUCIA.

Et alors... c'est une chose que je n'ose dire... alors je résolus de mourir.

MATHILDE.

Ah! Lucia!

LUCIA.

Le frère de mon père, qui se douta de mes projets, me fit comprendre que c'était un crime, et depuis lors je veux réparer mes forces; oui, maintenant, oh! maintenant je voudrais vivre, mais je ne puis pas, je ne puis pas.

MATHILDE.

Que dites-vous? du courage! il faut vivre, Lucia, oui, pour votre père.

LUCIA.

Mademoiselle, dites-moi, oh! dites-moi que vous le consolerez; Dites-moi que vous l'aimez encore.

MATHILDE.

Si je l'aime!... Je suis ici à l'insu de mon père, et quoique mon âme ne me reproche rien, c'est une démarche que la circonstance seule de vos malheurs peut excuser... Oui, Lucia, oui, j'aime Albert.

LUCIA.

Oh! ce mot-là me rend heureuse... Tenez, je ne souffre plus. (*Marthe paraît.*) Mais la joie de vous revoir... (*Elle s'affaiblit.*)

MARTHE.

La moindre émotion lui est funeste... Rentre dans ta chambre, mon enfant.

MATHILDE.

Oui, oui, rentrez; reposez-vous.

LUCIA.

Mais à condition que vous attendrez mon père!

MATHILDE.

Oui, Lucia, au revoir.

LUCIA.

Au revoir?... oui, si Dieu le veut. (*Elle rentre à droite, soutenue par Marthe et par Mathilde.*)

SCENE III.

MATHILDE, *seule.*

Ah! si je pouvais fléchir mon père; si je pouvais appartenir à Albert, cette pauvre enfant serait sauvée!

SCÈNE IV.

ALBERT, MATHILDE.

ALBERT, *pâle et défait et mesquinement vêtu.*

Rien! inflexibles, tous, comme la destinée!

MATHILDE.

Albert!

ALBERT.

Mathilde!... c'est vous!... mais que vous vous êtes fait attendre!

MATHILDE.

Je serais venue plus tôt si je l'avais pu. Je sors aujourd'hui pour la première fois, et mon père ignore que je suis ici.

ALBERT, *ému.*

Votre père!... de quoi me punit-il? d'avoir dans ma famille un honnête homme calomnié?

MATHILDE.

Je dois respecter sa volonté... mais peut-être un jour... et quelqueéloigné que ce jour puisse être Albert, j'attendrai, comptez que j'attendrai.

ALBERT.

Ah! ce jour fût-il demain, il serait trop tard.

MATHILDE.

Trop tard!

ALBERT.

Regardez, je ne suis plus le même... Le malheur s'est appesanti sur moi, et le désespoir est entré dans mon cœur.

MATHILDE.

Le désespoir!...

ALBERT.

Ma fille se meurt; elle va me quitter; je n'aurai bientôt plus rien à faire sur la terre, et mon parti est pris.

MATHILDE.

Albert!

ALBERT.

Vous, Mathilde, soyez heureuse... Adieu pour toujours.

MATHILDE.

Mon ami, le chagrin vous rendrait-il injuste au point de me méconnaître, et pensez-vous que mon cœur ne soit pas brisé de votre situation?

ALBERT.

Ah! je vous rends justice, mais c'en est fait de moi, vous dis-je... Lucia m'entraîne après elle, c'est ma destinée.

MATHILDE, *regardant autour d'elle, et remarquant la nudité de la chambre.*

Dites-moi, oh! dites-moi... mais j'aurais dû m'en apercevoir, en entrant ici... Ah!...

ALBERT, *dissimulant.*

Vous vous trompez, Mathilde, je n'ai besoin de personne, je vous assure... c'est pour placer mes tableaux ici que j'ai fait transporter ailleurs les meubles...

MATHILDE.

Est-il vrai que vous ne manquiez de rien?

ALBERT.

De rien.

SCENE V.

PAUL, ALBERT, MATHILDE.

PAUL, *il porte un mauvais manteau à manches.*

Ils ne m'ont donné que vingt rixdales sur ta montre que j'ai mise en gage.

MATHILDE.

Ciel!... oh! Albert vous m'aviez trompée... Oh! si j'avais pensé... je... (*Elle sort rapidement par le fond.*)

PAUL.

Eh bien, tes créanciers t'ont-ils donné du temps?

ALBERT.

Si je n'ai pas payé dans une heure, ils ont obtenu jugement; ils feront tout emporter.

PAUL.

Allons, mon ami, je le vois, il faudra boire le calice jusqu'à la lie... que la volonté de Dieu soit faite.

ALBERT, *amèrement.*

La volonté de Dieu!...

PAUL.

Oui, la volonté de Dieu! qui sait où te mènerait la tienne? Tu ne vois, toi, que jusqu'aux limites de ce monde; Dieu voit au delà... attends, pour juger ton juge.

ALBERT.

Oui, soit, il est possible que tu aies raison... Espérons... Étais-tu ici lorsque les experts sont venus, de la part des créanciers, estimer ces tableaux?

PAUL.

Non.

ALBERT.

Cette collection ne peut être estimée moins de dix mille ducats, surtout à cause de ce lambeau de Raphaël, original... J'en dois sept mille... il nous en restera trois, et voici mon projet: On nous chasse de notre patrie comme conspirateurs; nous quitterons Berlin dans une heure; nous irons en Italie; l'air pur de ces contrées fera peut-être un miracle, et Lucia sera sauvée. Je donnerai des leçons de peinture et de dessin, si Dieu guérit la blessure que j'ai reçue dans mon duel avec l'honnête Muller. (*Il montre sa main droite.*)

PAUL, *remontant.*

A la bonne heure! du courage! Je vais prévenir nos riches voisins qui veulent se trouver à la vente... Mais voici du monde... et les experts et les huissiers.

ALBERT, *allant s'asseoir à gauche, accablé.*

Ah! qu'il me tarde que tout ceci soit fini.

SCENE VI.

ALBERT, PAUL, RICHES AMATEURS, EXPERTS, HUISSIERS. *On se salue.*

PREMIER AMATEUR.

Voyons, il y a là de jolies choses..

PAUL, *à part.*

En voilà un qui s'y connaît.

PREMIER AMATEUR, *faisant la moue.*

Mais peinture nouvelle, peinture nouvelle!

PAUL.

Oui, monsieur, comme l'était la peinture des anciens, quand ils étaient nouveaux.

PREMIER AMATEUR.

Sans doute... Mais qu'est-ce que cela au milieu?... Une croûte?...

ALBERT.

Oui, monsieur, de Raphael.

PREMIER AMATEUR.

De Raphaël?... vous croyez?...

ALBERT, *se levant.*

Mieux que cela, monsieur, j'en suis sûr... Les experts d'ailleurs sont là pour...

UN EXPERT.

C'est la vérité!

ALBERT.

S'il est quelqu'un d'entre vous, messieurs, qui désire acheter la collection entière, qu'il le déclare; j'aime mieux vendre ainsi; il faut que je parte dans une heure.

PREMIER AMATEUR, *à part.*

Ah! il est pressé! (*Haut.*) Mais que vaut tout cela, monsieur? Trois mille ducats?...

ALBERT.

Trois mille?

PREMIER AMATEUR.

Tout au plus, et encore je ne les donnerais pas.

ALBERT.

Trois mille ducats! profanation!... Messieurs, si ces tableaux m'appartenaient, comme ils appartiennent à la justice, je préférerais les donner pour rien à vos laquais qui les apprécieraient mieux que vous.

PREMIER AMATEUR.

Monsieur...

ALBERT.

Mais je vous défends de regarder ce Raphaël... je vous le défends, vous en êtes indigne. (*Il décroche et retourne le Raphaël.*)

DEUXIÈME AMATEUR, *se retirant.*

Puisqu'il en est ainsi...

ALBERT.

Encore un moment, messieurs, pour que l'expert vous dise de combien vous vous trompez.

PREMIER AMATEUR.

Eh bien?

ALBERT, *à l'expert.*

Combien avez-vous évalué cette collection, monsieur, moins ce portrait, qui est celui de ma fille et que je me réserve. (*Il le décroche.*)

UN HUISSIER.

Monsieur, nous représentons ici les créanciers et rien ne doit être distrait de la collection avant l'acquit total des dettes. (*Albert rend à un autre huissier la miniature que celui-ci remet en place.*)

ALBERT, *à l'expert.*

Eh bien, monsieur?

L'EXPERT.

Mes collègues et moi nous avons évalué la collection cinq mille ducats.

ALBERT.

Cinq mille ducats!

PAUL, *à part.*

Et il en doit sept mille!

L'EXPERT.

Oui, monsieur, en notre âme et conscience. Ainsi, moyennant deux mille ducats ajoutés à la valeur de ces tableaux, on vous rendra vos billets; nous allons attendre là quelques instants. (*Ils disparaissent par le fond.*)

SCENE VII.

ALBERT, PAUL.

ALBERT.

Cinq mille ducats! les misérables!... et ils les auront à ce prix... Eh bien, mieux vaudrait... (*Geste de tout briser.*)

PAUL.

Calme-toi, frère.

ALBERT.

Me calmer! et où est donc mon espérance pour me calmer? qui viendra à notre aide? qui m'apportera les deux mille ducats qui me manquent pour acquitter mes dettes et n'emporter que la misère loin de la patrie? Me calmer, Paul! Mais ici ma fille se meurt; et bientôt il faudra partir pour une terre étrangère, en laissant le deshonneur après moi.

PAUL.

Eh bien frère, sois homme, fais face à la tempête, courbe-toi devant Dieu!

ALBERT.

Me courber devant Dieu, quand je puis m'arracher à son injustice, quand je puis mourir!

SCÈNE VIII.

PAUL, ALBERT, LUCIA, UN HUISSIER ET SES GENS.

LUCIA, *accourant.*

Mourir, mon père! vous voulez mourir!

ALBERT, *la pressant dans ses bras.*

Ma fille! ma fille!

L'HUISSIER.

Monsieur, permettez-moi de m'acquitter du pénible devoir que la loi m'impose.

LUCIA.

Quoi?

L'HUISSIER.

Ces tableaux vont être emportés... ils représentent une valeur de cinq mille ducats, vous en devez sept mille et si vous ne pouvez me remettre à l'instant les deux mille qui manquent, il y a prise de corps.

LUCIA, *tombant sur le siège.*

Ciel!

ALBERT.

Eh bien, je ne puis pas... exécutez la loi; arrêtez-moi; le bannissement eût été trop doux avec ma fille et mon frère, séparez-moi d'eux, jetez-moi dans une prison, comme si j'étais un infâme.

LUCIA.

Ah! vous séparer de moi!... je sens que je vais succomber.

ALBERT.

Lucia!...

LUCIA, *défaillante.*

Mon père, embrassez votre fille, hâtez vous... c'est peut-être pour la dernière fois!

ALBERT.

Ah! malédiction sur les hommes qui veulent tous ces maux! (*Il se précipite dans les bras de sa fille.*)

SCÈNE IX.

PAUL, ALBERT, MATHILDE, LUCIA, HUISSIER ET SES GENS, *décrochant des tableaux.*

ALBERT, *désignant Lucia.*

Ah! secourez-la, secourez-la!

MATHILDE.

Ciel! que veut dire...

ALBERT.

Mathilde, vous vouliez être sa protectrice, eh bien! on me prive de ma liberté... Je vous confie ma fille. (*Il va tomber, accablé sur le siège de gauche.*)

MATHILDE.

Quoi!

PAUL.

Oui, il manque deux mille ducats...

MATHILDE, *les donnant à Paul, bas.*

Les voici.

PAUL, *les donnant à l'huissier, bas.*

Tenez, monsieur, emportez les tableaux, et laissez-nous. (*A Albert.*) Tu es libre.

ALBERT, *voyant la pâleur de sa fille.*

Elle se meurt... Ah! vite, vite, Marthe, ah! mon Dieu! (*Albert, Mathilde et Marthe entraînent Lucia dans sa chambre. Les porteurs emportent une partie des tableaux et disparaissent. Muller entre.*)

SCÈNE X.

MULLER, PAUL.

MULLER.

Monsieur Paul?

PAUL, *étonné.*

Monsieur Muller!... que venez-vous faire dans cette maison? jouir sans doute de votre ouvrage? Eh bien, regardez: ici, on nous dépouille. (*Il désigne la chambre à moitié nue.*)

MULLER.

Parce que vous avez des dettes.

PAUL, *désignant la droite.*

Là, une pauvre jeune fille souffre et languit.

MULLER.

Parce qu'elle voit son père sans ressources.

PAUL.

Et bientôt, la laissant morte ou la traînant mourante avec nous, il nous faudra partir et aller vivre misérablement sur la terre étrangère.

MULLER.

Et tout cela parce que l'or vous manque.

PAUL, *avec mépris.*

L'or ?

MULLER.

Le temps nous presse, voici la vérité : si vous aviez de l'or, vous trouveriez douce la terre étrangère ; car la patrie est partout où l'on est bien.

PAUL.

Pour les âmes grossières.

MULLER.

Si vous aviez de l'or, cette jeune fille reviendrait à la vie

PAUL.

L'or ne guérit pas les souffrances du cœur.

MULLER.

Si vous aviez de l'or, votre frère serait consolé de l'incurable blessure que, dans notre duel, il a reçue de moi à la main qui le faisait artiste.

PAUL, *ironiquement,*

Oui, nous vous devons tout.

MULLER.

Moi je ne vous dois rien.

PAUL, *indigné.*

Vous ne nous devez rien !... vous nous devriez la réparation de toutes nos misères. (*Calme.*) Mais je ne vous la demande pas.

MULLER.

Et si je venais vous l'offrir ?

PAUL, *étonné.*

Vous?

MULLER.

Si je venais vous offrir de l'or?

PAUL, *reculant.*

Vous me faites peur !

MULLER.

Vous êtes le premier sur qui l'or produise cet effet.

PAUL.

Expliquez-vous.

MULLER.

Vous aimez votre frère ?

PAUL.

Oui.

MULLER.

Vous aimez votre nièce ?

PAUL

Oui.

MULLER.

Si vous aviez de l'or, vous ne le trouveriez pas inutile pour leur porter secours ?

PAUL.

Eh bien ! oui, c'est vrai, surtout si cet or me venait d'une main amie.

MULLER.

Est-ce que les ennemis en donnent jamais?

PAUL.

Bref?

MULLER.

Bref, je vous offre six mille ducats.

PAUL.

Six mille ducats !

MULLER.

Les voici en bons billets du trésor ; voyez (*Il les montre.*

PAUL, *avec effusion.*

Oui, oui !... oh ! monsieur Muller, le repentir sans doute vous a touché le cœur, et une pareille générosité... Dieu vous en récompensera.

MULLER.

J'aimerais mieux que ce fût vous.

PAUL, *étonné.*

Moi !... mais que puis-je vous donner en échange ?

MULLER.

Oh ! mon Dieu, peu de chose.

PAUL.

Mais enfin que me demandez-vous ?

MULLER.

Dix lignes de votre écriture.

PAUL.

Et que renfermeront-elles; ces dix lignes ?

MULLER.

Une chose que vous chercheriez vainement à comprendre ; mais enfin ce serait un acte de dévouement de votre part.

PAUL.

S'il ne faut que mourir, je suis prêt. (*Il se met devant la table de gauche.*)

MULLER.

Hâtons-nous, car dans quelques minutes on viendra vous prendre pour vous conduire à la frontière.

PAUL.

Dictez.

MULLER.

« Moi, Paul Walter... » C'est bien votre nom?

PAUL.

Oui.

MULLER, *dictant.*

« Je déclare que je suis coupable du vol des vingt billets de » banque pour lequel je fus condamné. »

PAUL.

Je n'écrirai pas cela.

MULLER.

Vous qui consentiez à mourir !

PAUL.

Oui, mais pas à mentir.

MULLER.

Je n'examine pas si c'est un mensonge ; mais tout le monde vous croit coupable, et si la protestation de votre conscience vous est bonne devant vous-même, elle vous est inutile devant les hommes.

PAUL.

Mais dans quelle intention, monsieur Muller ?...

MULLER.

Je vous ai dit qu'il ne fallait pas chercher à comprendre ; et puis le temps me manque pour m'expliquer.

PAUL, *se levant.*

Je ne signerai pas cela.

MULLER.

Vous ne voulez donc pas avoir six mille ducats à offrir à Albert ? Vous n'aimez donc pas votre frère?

PAUL, *très-ému.*

Mon pauvre frère !... je vais signer. (*Il se remet devant la table.*)

MULLER.

Pas encore ; il n'y a pas là dix lignes.

PAUL.

Continuez (*Albert paraît à droite ; il s'étonne ; il écoute ; puis il remonte la scène.*

SCENE XI.

ALBERT, PAUL, MULLER.

MULLER, *dictant.*

« Je déclare également m'être rendu coupable de trois faux en » écriture, sous le nom... »

PAUL, *stupéfait.*

Mais ceci, monsieur Muller, personne ne m'en accuse.

MULLER.

Il faut que vous vous en accusiez.

PAUL.

Et pourquoi, enfin ?

MULLER.

Si vous voulez comprendre, vous amoindrissez votre dévouement ; et d'ailleurs, je vous le dis encore, le temps nous manque.

PAUL, *se levant.*

Mais je ne suis ni voleur ni faussaire, et je ne puis signer tout cela.

MULLER.

Vous êtes un mauvais frère, monsieur Paul; la misère d'Albert ne vous touche pas.

PAUL.

Je vais signer. (*Il va pour signer.*)

MULLER, *à part.*

Enfin!

ALBERT, *se précipitant sur le papier et le déchirant.*

Non, frère, non, tu ne signeras pas cette calomnie!

MULLER, *à part.*

Malédiction!

PAUL.

Oui, tu as raison frère, j'outrageais la Providence en me méfiant d'elle.

ALBERT, *à Muller.*

Quant à vous, l'auteur de ce nouvel outrage, nous dirons partout...

MULLER, *audacieusement.*

Qui croira des proscrits, dénués, dépouillés, repoussés de tous? Nous ne sommes que trois ici.

PAUL.

Il en est un quatrième; un témoin qui voit tout.

MULLER, *regardant autour de lui, effrayé.*

Qui donc?

PAUL, *désignant le ciel.*

Dieu!

MULLER, *sort en courant.*

Cela ne fait toujours que trois.

ALBERT.

Misérable!

PAUL.

Eh bien, frère, Lucia... (*Les porteurs reviennent et emportent les tableaux et la table.*)

SCÈNE XII.

ALBERT, PAUL.

ALBERT, *anéanti.*

Bientôt tout sera fini; tout. La mesure sera comblée... je n'aurai plus mon enfant.

PAUL.

Ami! ami!

ALBERT, *s'apercevant qu'on emporte le médaillon de Lucia.*

Arrêtez, arrêtez! ma fille! ma Lucia! rendez-moi le portrait de ma fille!

L'HUISSIER.

Monsieur, vous me voyez dans la désolation... mais ce portrait ne vous appartient plus.

ALBERT.

Il est à moi... (*Il veut le saisir, on le lui arrache.*)

SCÈNE XIII.

LES PRÉCÉDENTS, MATHILDE, *puis* MARTILLY.

MATHILDE.

Albert!

ALBERT.

Mathilde, on m'arrache le portrait de ma fille, on me dit que le portrait de ma fille ne m'appartient plus!

L'HUISSIER.

Il doit être vendu comme le reste.

ALBERT, *succombant.*

Ici elle, là son image, je perds tout à la fois. (*Mathilde court brusquement à l'Huissier sans être vue d'Albert. Elle détache sa chaîne d'or, la donne et prend le portrait qu'elle rend à Albert.*)

MATHILDE.

Albert, il est à vous.

ALBERT, *le serrant contre sa poitrine.*

Ah! ma fille, ma fille!

MARTILLY, *paraissant au fond.*

Mathilde!

MATHILDE.

Mon père! (*Bas à Paul.*) Oh! monsieur, sauvez-le de son désespoir... sauvez-le, vous me reverrez! (*Elle va rejoindre son père. Les porteurs sortent. La chambre est complétement nue.*)

ALBERT.

Je succombe à ma douleur. (*Il est sur le point de défaillir.*

SCÈNE XIV.

PAUL, ALBERT.

PAUL.

Du courage, frère!... l'homme doit savoir souffrir et vivre!

ALBERT, *violemment ému.*

Vivre!... eh bien, oui, je vivrai, puisque tu le veux; mais ce sera pour me venger des hommes qui m'ont tué ma fille, qui me chassent de mon pays! je m'armerai contre cette société infâme!

PAUL, *rayonnant d'une sainte sérénité.*

Ami, la société serait-elle meilleure, si tu y eusses trouvé le bien-être? Laisse au méchant et à l'égoïste ces sentiments de colère et d'orgueil.

ALBERT.

Mais où aller maintenant? que devenir?

PAUL.

Que devenir? Quand on veut être un des heureux de ce monde, on ne trouve de place presque nulle part, tout est pris; mais pour être bienfaiteur et martyr de l'humanité, il y a de la place partout. Si nous étions deux hommes pervers, je te dirais: « Nous » allons quitter ce pays et passer dans un autre. Qu'importe?... » viens, il y a partout des hommes à exploiter. » Mais connaissant ton âme, je te dirai: « Viens, il y a partout des hommes à » consoler, à secourir. »

ALBERT.

Mais, ami, que pouvons-nous faire? Pauvres, découragés, bannis, à qui pouvons-nous être utiles?

PAUL.

L'homme le plus dénué a toujours en lui une puissance qu'il peut appliquer au bien de ses semblables, et il n'est si pauvre mortel qui ne puisse faire l'aumône. (*Le vieux Mendiant du 1er acte paraît et lève son chapeau.*) Tiens, regarde ce vieillard courbé sous le poids de la misère, et que les premiers vents d'automne glacent comme l'hiver... (*Il se dépouille du méchant manteau qu'il porte et le jette sur les épaules du Mendiant qui s'éloigne.*)

ALBERT, *touché et admirant.*

Ah! Paul, mon frère!

PAUL.

Oui, te dis-je, l'homme, dans quelque position qu'il soit, fût-il abandonné sur la voie publique, ayant à jamais perdu l'usage de ses membres, peut encore être utile à ses semblables, ne fût-ce qu'en leur donnant le sublime exemple d'une courageuse résignation aux volontés de Dieu! (*Les soldats avec un officier paraissent à la porte du fond.*)

ALBERT, *à Marthe, qui paraît.*

Eh bien, ma fille?

MARTHE.

Plus d'espoir, monsieur... un évanouissement précurseur de la mort...

ALBERT.

Lucia!... mon enfant... (*Il se précipite dans la chambre avec Marthe.*)

SCÈNE XV.

PAUL, DES SOLDATS AVEC UN OFFICIER; *derrière eux, à l'extérieur Muller couvert d'un manteau.*

L'OFFICIER, *approchant.*

L'heure qu'on vous avait donnée pour vos apprêts est écoulée, la voiture est là, et voici l'ordre de vous conduire jusqu'à la frontière.

PAUL.

Quelques minutes, monsieur, sa fille est là, mourante....

L'OFFICIER, *triste et ému.*

J'ai l'ordre de ne pas vous laisser un instant, et un ami du prince nous observe.

PAUL, *regardant au fond et voyant Muller.*

Oui, Satan est là!

ALBERT, *reparaissant.*

Paul, mon frère!...

PAUL.

Eh bien, Lucia...

ALBERT, *terrassé.*

Tout est fini!

PAUL.

Albert, Dieu me dit qu'il vaut mieux que ta fille soit sous sa garde et dans le sein de sa miséricorde que de partager avec nous les amertumes de l'exil.

ALBERT, *accablé.*

Oui, tu as raison, frère, oui. J'aurai plus de courage de la savoir heureuse dans le ciel que de la voir traîner près de moi une vie misérable.

L'OFFICIER.

Suivez-nous!

ALBERT, *résigné, à Marthe, qui paraît se soutenant à peine.*

Marthe, Marthe, tu marqueras la terre sous laquelle reposera ma fille, afin que si je rentre un jour dans ma patrie, je connaisse l'endroit où je devrai m'agenouiller et prier. (*Ils sortent avec les soldats, et un instant après on entend le roulement rapide de la voiture.*)

ACTE IV.

Place de Rome. Hôtel à gauche. Église de saint Charles Borromée, à droite. Statue au fond à gauche, sur son piédestal.

PREMIER TABLEAU.

SCÈNE I.

MARTILLY, MULLER.

MARTILLY, *sort de l'hôtel.*

Ah! Muller, c'est vous! Eh bien?

MULLER, *venant du fond.*

J'ai vu votre ami, le président du tribunal criminel; il m'a remis, pour vous, la permission de visiter la galerie Petramonte, une des plus belles de Rome. Je rentrais à l'hôtel pour vous l'annoncer.

MARTILLY.

Et, dites-moi, cette funeste nouvelle qui circulait parmi les artistes de Rome?

MULLER, *faisant l'ignorant.*

Quelle nouvelle?

MARTILLY.

Celle pour laquelle j'ai écrit au directeur de l'hospice de Viterbe.

MULLER, *comme se souvenant.*

Ah! bien... non, je n'en ai plus entendu parler; mais j'espère qu'elle ne se confirmera pas, malgré l'intérêt que j'aurais à ce qu'elle fût vraie. Car, enfin, il ne faut désirer le malheur de personne... Mais, pardon, j'oubliais: en passant à la poste pour voir s'il n'y avait pas de lettres à mon adresse, j'ai pris les vôtres.

MARTILLY.

Ah! oui, je vous en avais prié. (*Il prend trois lettres que lui donne Muller, il les ouvre; Muller l'observe.*) Celle-ci est de Berlin, d'un ami qui presse notre retour. (*Il en ouvre une autre.*) On m'écrit de Florence...

MULLER, *troublé.*

De Florence?

MARTILLY.

La faillite de Berliani.

MULLER, *soulagé, à part.*

Ah!

MARTILLY, *ouvrant la troisième lettre.*

Viterbe... celle-ci est de Viterbe... (*Avec émotion.*) Et du directeur de l'hospice... la triste nouvelle était vraie... tenez, voyez.

MULLER, *prenant la lettre.*

Oui, il n'y a plus à en douter.

MARTILLY.

Pauvre Albert! Maintenant, mon ami, je puis tenir la promesse que je vous ai faite.

MULLER.

Oui, Mathilde, qui refusait ma main, n'a plus de motif pour ajourner notre mariage... Savez-vous que j'ai eu là une heureuse idée de quitter Berlin où tout lui rappelait le souvenir d'Albert?

MARTILLY, *souriant.*

Et où vous étiez vous même exposé aux railleries de Raoul, car il doit s'y trouver, à l'heure qu'il est, de retour de son voyage de Florence.

MULLER, *préoccupé.*

Oui, oh! oui, il doit être de retour.

MARTILLY.

Enfin, il est loin de nous; vous n'avez plus à craindre qu'il vous nuise auprès de ma fille et c'est une raison pour vous d'avoir l'esprit en repos... car, il faut que je vous le répète, mon ami, j'observe souvent, comme Mathilde, que vous êtes distrait, sombre, préoccupé.

MULLER.

Moi?

MARTILLY.

Votre regard quelquefois a une fixité qui m'inquiète.

MULLER, *secouant une préoccupation.*

C'est que j'aime Mathilde, et jusqu'à ce qu'elle soit ma femme, il me semble toujours que mon bonheur va m'échapper. (*Ici Raoul paraît.*) Désormais du reste je serai riant, gracieux, vous n'aurez plus à vous plaindre de moi. Je veux être aimable.

RAOUL, *s'avançant.*

Aimable, vous, Muller, je serais curieux de voir ça.

SCÈNE II.

RAOUL, MARTILLY, MULLER.

MARTILLY.

Raoul!

MULLER, *à part.*

Il devait arriver dans un pareil moment!

MARTILLY.

Soyez le bienvenu.

MULLER, *grimaçant.*

Certainement.

RAOUL, *ironiquement à Muller.*

Oui, je vois que ça vous fait plaisir.

MARTILLY.

Et depuis quand à Rome?

RAOUL.

Depuis ce matin.

MULLER, *grimaçant.*

Et votre voyage de Florence?

RAOUL, *moqueur.*

Charmant, mon cher. De retour à Berlin, je m'ennuyais à périr. J'ai appris que vous étiez à Rome. Je me suis dit: Ce bon monsieur Muller sera charmé de me revoir; et je suis parti, j'ai brûlé le pavé, et me voilà... pour vous être agréable.

MARTILLY, *souriant.*

Allons, voyons, mon cher Raoul, un peu de charité; j'ai beaucoup d'amitié pour vous; je suis heureux de vous voir; mais, je vous en prie, ménagez monsieur Muller; il doit être mon gendre.

RAOUL.

Vous croyez ça?

MARTILLY.

Je l'ai promis.

RAOUL.

Il faut savoir reculer quand on a fait une... une imprudence.

MULLER, *ne pouvant plus se contenir.*

Oh! tenez, monsieur Raoul, je me fatigue à la fin de vos railleries, de vos sarcasmes, de...

RAOUL, *à M. Martilly.*

Qu'est-ce qu'il vous disait donc qu'il voulait être riant?

MULLER.

Monsieur Raoul, c'en est assez, et je prétends en finir aujourd'hui.

MARTILLY.

Muller!

RAOUL.

Si c'est comme ça que vous êtes gracieux, par exemple...

MULLER.

Monsieur, malgré votre supériorité dans les armes, il y a moyen d'arranger un duel où l'avantage de l'adresse ne soit pour rien, où le hasard décide.

RAOUL.

Oui, un seul pistolet chargé, à bout portant?... Et c'est de cette façon-là que vous voulez être aimable?

MULLER.

Je suis à vos ordres.

MARTILLY.

Messieurs!

RAOUL.

Il y a deux mois, j'aurais fait peut-être la folie d'accepter.

MULLER.

Et pourquoi refusez-vous aujourd'hui?

RAOUL.

Ça vous étonne? l'homme est un être changeant. Je puis bien avoir la prétention de devenir sage, prudent et avisé, puisque vous avez celle de devenir riant, aimable et gracieux. Ce n'est pas même moi qui ferai le plus grand miracle.

MULLER.

A la bonne heure, mais souvenez-vous que je ne suis plus d'humeur à supporter vos injures.

RAOUL.

Il fallait me parler ainsi dès la première fois, il y a longtemps que je me serais réformé; mais vous me laissez aller, vous me laissez aller... Je croyais, moi, que vous étiez peu sensible à mes plaisanteries.

MULLER.

C'est que la mesure finit par être comble.

RAOUL.

Alors, c'est le moment de n'y plus mettre rien.

MARTILLY.

Allons! que tout soit oublié.

RAOUL.

Oui, c'est fini, dès lors que monsieur se fâche... (*A part, en désignant Muller.*) Ce ne sont plus des railleries que je te prépare!...

SCÈNE III.

LES MÊMES, MATHILDE, *sortant de l'hôtel*.

RAOUL, *s'inclinant*.

Ah! mademoiselle Mathilde!...

MATHILDE, *charmée*.

Monsieur d'Arembert!

RAOUL.

Oui, qui est venu à Rome pour vous voir, ainsi que votre père... et aussi particulièrement l'ami Muller.

MULLER, *avec colère*.

Monsieur!

RAOUL.

C'est vrai, pardon! Diable d'habitude!

MARTILLY.

Mon cher Raoul, nous allons visiter la galerie du marquis de Petramonté... Il se fait tard, nous partons.

MATHILDE, *très-émue*.

Mon père?

MARTILLY.

Que me veux-tu?

MATHILDE.

Eh bien, l'affreuse nouvelle... vous m'aviez promis de vous informer encore...

MARTILLY.

Elle n'est que trop vraie!

MATHILDE.

Mort!

RAOUL.

Mort! qui, Mathilde?

MULLER.

Albert.

RAOUL, *profondément ému*.

Mort, Albert! (*A Muller significativement et le regardant fixement.*) Qui l'a donc tué?

MARTILLY.

La misère et le chagrin ont amené le suicide.

RAOUL.

Ah! c'est impossible!

MATHILDE, *à Raoul*.

N'est-ce pas que vous pensez...

MARTILLY, *montrant la lettre*.

Voici la lettre du directeur de l'hospice de Viterbe, où ils avaient été recueillis, et où on a vainement essayé de les rendre à la vie.

RAOUL, *qui a lu la lettre*.

Oui, mort avec son frère Paul!

MATHILDE, *fondant en larmes*.

Tout est fini!

RAOUL.

Alors, il me faut terminer au plus vite l'affaire qui m'amène à Rome, et partir tout de suite après.

MATHILDE, *avec un profond regret*.

Vous allez me quitter?

RAOUL, *qui est parvenu à dominer son émotion*.

Je le dois... Je voulais chercher, revoir et consoler Albert; il est trop tard. J'ai arrêté une place à bord d'un navire qui met à la voile du port d'Ostie après-demain.

MARTILLY.

Quant à toi, Mathilde, tu m'as promis d'accepter la main de Muller, si...

RAOUL, *à Mathilde*.

Quoi, vous...

MATHILDE, *avec une résignation religieuse*.

Mon père, je tiendrai ma parole; je ne veux plus avoir de volonté que la vôtre; je veux désormais renoncer à moi-même pour mériter... (*A part.*) De le revoir un jour... (*Regardant le ciel.*) Là où il est sans doute.

RAOUL, *à Martilly*.

Et dites-moi, Martilly, ce mariage est arrêté?

MARTILLY.

Oui, mon ami.

RAOUL.

Pour quel jour?

MULLER.

Pour demain.

RAOUL, *à Martilly*.

Vous attendrez bien un jour de plus... Je suis votre ami, je tiens à signer au contrat de mariage de Mathilde... et mon affaire ne sera terminée que dans deux jours.

MARTILLY, *consultant Muller du regard*.

Volontiers! Si même pour votre affaire je puis vous être bon à quelque chose, employez-moi.

RAOUL.

Oui, je compte sur vous.

MARTILLY, *engageant Muller*.

Vous pouvez aussi, malgré vos querelles, disposer de mon gendre, n'est-ce pas, Muller?

MULLER, *à Raoul, froidement*.

Oui, monsieur, disposez de moi.

RAOUL, *le regardant significativement*.

J'en disposerai.

MARTILLY.

Et maintenant, courons visiter la galerie; car la nuit n'est pas loin.

MATHILDE.

Mon père, allez sans moi, j'entre dans l'église, j'ai besoin de prier.

MARTILLY.

Comme tu voudras, mon enfant.

MULLER.

Vous n'êtes pas des nôtres, monsieur d'Aremberg?

RAOUL, *avec ironie*.

Des vôtres, moi, monsieur Muller? oh! non. Martilly, me trouvant loin de mon logis, je m'installe chez vous; j'ai quelques lettres à écrire.

MARTILLY.

Faites, mon ami. A bientôt, ma fille.

MATHILDE.

A bientôt, mon père.

MARTILLY.

Au revoir, Raoul.

RAOUL.

Au revoir. (*La nuit se fait graduellement. Martilly sort avec Muller, qui se retourne avec méfiance; mais il se rassure en voyant Raoul entrer dans l'hôtel.*)

SCÈNE IV.

MATHILDE, LUCIA.

LUCIA, *paraissant à gauche, pauvrement vêtue*.

Je ne me trompe pas! c'est elle enfin! (*Appelant.*) Mademoiselle...

MATHILDE, *montrant les marches de l'Eglise*

Une pauvre jeune fille! Que me voulez-vous?

LUCIA, *lui saisissant la main*.

Mademoiselle Mathilde!

MATHILDE, *étonnée descendant les marches*.

Vous savez mon nom?

LUCIA.

Il fut un temps où vous saviez le mien.

MATHILDE.

Lucia! est-il possible! pauvre enfant! (*Elle la presse sur son *cœur, tandis que Lucia pleure suffoquée.)*

LUCIA.

Oh! que vous êtes bonne de ne pas me méconnaître!

MATHILDE, *en pleurant.*

Et dites-moi, votre père, vous savez...

LUCIA.

Je vais tout vous dire... Le jour même de votre départ de Berlin, tous ses meubles, tous ses tableaux furent saisis.

MATHILDE, *comme sachant.*

Oui... oui...

LUCIA.

L'aspect de son désespoir, son dénûment, la pensée que la blessure de sa main droite lui interdit à jamais un travail productif, tout cela me brisa le cœur, et je tombai dans une affreuse défaillance qui avait toutes les apparences de la mort. J'étais immobile, glacée, étendue sur mon lit; mon cœur ne battait plus... et cependant, je vivais au fond de la conscience de moi-même; j'entendais tout ce qui se passait à quelques pas de moi.

MATHILDE, *lui prenant la main.*

Pauvre Lucia!

LUCIA.

Le médecin me crut morte, et on l'annonça à mon père; mais au moment où il allait venir pour m'embrasser, des soldats arrivèrent: ils avaient ordre de le conduire jusqu'à la frontière. Cette idée m'agita si violemment que je voulais m'élancer de mon lit me jeter dans les bras de mon père, lorsque je lui entendis dire qu'il aimait mieux me savoir morte et dans le ciel que vivante et désolée dans ce monde. Je le laissai partir, je résistai à la tentation de l'accompagner. Oui, mademoiselle, j'ai eu ce courage, je n'ai pas voulu ajouter ma misère à sa misère.

MATHILDE, *avec abattement.*

Et vous ne l'avez pas rencontré depuis?

LUCIA.

Je ne l'ai presque pas perdu de vue un seul jour, excepté...

MATHILDE, *stupéfaite et avec espoir.*

Qu'entends-je! il vivrait encore!

LUCIA.

Marthe, à cause de son âge, ne pouvait me suivre. Je partis seule, sous des vêtements grossiers qui convenaient à ma triste position, et mendiant sur ma route, chantant des poésies religieuses, je suivais mon père, sans qu'il se doutât que j'étais là à quelques cents pas de lui.

MATHILDE, *émue.*

Noble fille! poursuivez.

LUCIA.

Oui, de ville en ville, de bourgade en bourgade, chantant pour lui, priant pour lui, m'agenouillant devant toutes les croix des chemins, m'arrêtant quelquefois à son insu, dans les abris où il s'arrêtait, et quand il était endormi, me glissant doucement, et déposant près de lui ce que j'avais gagné, j'ai assisté à la dégradation successive, non pas de son âme, elle est toujours pure et fière! mais de son pauvre corps souffrant et meurtri.

MATHILDE.

Comment?

LUCIA.

La misère, mademoiselle, une profonde et implacable misère a courbé sa tête et ridé son front.

MATHILDE.

Oh! qu'importe, pourvu qu'il soit vivant!

LUCIA.

Si vous saviez toutes les tortures que j'ai subies! j'ignore comment il se fait que j'existe encore. Le voir ainsi, chaque jour, plus malheureux; être tentée de me précipiter vers lui, de le presser sur mon cœur, de lui dire: Mon père, mon père, me voici! et être retenue par la pensée que j'augmenterais sa désolation, si je lui donnais le spectacle de la mienne! Vous ne pouvez vous imaginer, mademoiselle, tout ce qu'on peut souffrir sans mourir!

MATHILDE.

Mais pourquoi ne m'avoir pas écrit, ne m'avoir pas fait connaître depuis longtemps...

LUCIA.

Je ne savais pas où vous étiez, et ce n'est qu'hier que je vous ai vue, au moment où vous passiez près du palais Farnèse..... Je vous ai suivie de loin pour savoir où vous demeuriez, et je me suis dit: Mademoiselle Mathilde est si pieuse... je finirai par la rencontrer dans cette église.

MATHILDE, *vivement.*

Albert serait donc à Rome? Oh! conduisez-moi...

LUCIA.

J'ignore où il est, j'ai perdu sa trace, il y a un mois.

MATHILDE.

Ciel!

LUCIA.

Oui, il y a un mois, j'étais près de Viterbe...

MATHILDE, *accablée.*

Viterbe!

LUCIA.

C'était vers le soir, je m'étais assise sur une borne du chemin, et je voyais de loin mon père et son frère assis de leur côté sur un pont... Je faisais mon petit compte, en remerciant le ciel; la journée avait été bonne, j'avais prié et chanté beaucoup et ma bourse était pleine... Je pensais au moment où mon père serait endormi dans quelque masure, pour m'approcher de lui et lui tout donner... Tout à coup, je le vois qui se lève et Paul qui court à lui... un horrible soupçon me vint... je me figurai que mon père allait s'élancer dans les flots, et je tombai sans connaissance. Heureusement, deux sœurs de charité qui passaient par là, se rendant à Rome, me recueillirent dans leur voiture, et le lendemain je m'éveillai dans le pieux asile où ces bonnes sœurs prodiguent leurs soins à ceux qui souffrent. J'y suis restée un mois, bien près de mourir, et sur la proposition de la supérieure, à qui j'ai raconté mes malheurs, j'ai fait le vœu de me consacrer à cette sainte maison, si Dieu me rendait la santé et me faisait retrouver mon père.

MATHILDE, *désolée.*

Trop tard... je comprends! c'est près de Viterbe que... *(Elle suffoque.)*

LUCIA.

Ah! mon Dieu! Mademoiselle Mathilde! Qu'avez-vous donc?

MATHILDE.

Vous ne devinez pas à ces larmes que la douleur m'arrache!...

LUCIA.

Eh bien!

MATHILDE.

Lucia, mon enfant, il ne nous faut plus chercher votre père; il nous faut aller prier pour lui. *(Elle désigne l'église.)*

LUCIA.

Quoi!

MATHILDE.

Albert n'est plus!

LUCIA.

Ciel!

MATHILDE.

J'en ai reçu la nouvelle.

LUCIA, *se rassérénant et avec foi.*

Non, non, vous dis-je, je le reverrai, je le retrouverai. Il doit être à Rome. *(Résolument.)* Il y est!

MATHILDE, *avec un étonnement mêlé d'admiration.*

Qui vous a dit?...

LUCIA, *résolument.*

Une voix qui est dans mon cœur, et que la vôtre n'a pu troubler qu'un instant.

MATHILDE, *subjuguée.*

Eh bien, Lucia, nous allons prier ensemble pour que cette voix ne vous trompe pas.

LUCIA.

Non, elle ne me trompe pas, car celui qui me parle me dit d'aller là pour le remercier! *(Elle désigne l'église. Elles y entrent. La nuit est entière.)*

SCÈNE V.

ALBERT, PAUL.

(Ils sont tous deux mal vêtus. Albert porte un petit carton en sautoir. Chacun d'eux à un bâton. Leur barbe est inculte.)

PAUL.

Allons, frère, un peu de courage.

ALBERT.

La fatigue m'accable.

PAUL.

Asseyons-nous là, sur ce banc. *(Ils s'asseyent sur un banc à gauche.)*

ALBERT.

Nous voici enfin en Italie, à Rome, la ville éternelle!

PAUL.

Oui, la ville des arts, que tu désirais tant visiter. Tu verras, demain, les chefs-d'œuvre des grands peintres.

ALBERT.

Je les verrai, sans pouvoir essayer, comme autrefois, d'imiter ces sublimes modèles. Cette main est immobile et inanimée depuis qu'une blessure...

PAUL.

Oui, Dieu t'a frappé tout à la fois dans ton amour de père et dans tes espérances d'artiste.

ALBERT.

Il n'est pas d'hommes qui aient autant souffert que nous.

PAUL.

Connaissons-nous les souffrances des autres? Chacun a sa part dans les misères de ce monde! mais l'homme est si vain, que lorsque toutes les gloires viennent à lui manquer à la fois, son impérissable orgueil s'attache à la prétention de se proclamer le plus malheureux des êtres!

ALBERT.

Oui, c'est vrai; cette couronne du malheur est aussi disputée que les autres!

PAUL.

Mais songeons à étaler ces petits sujets sacrés que tu traces de la main que Dieu t'a laissée et que nous vendons aux portes des églises.

ALBERT, *montrant sa main gauche, tandis que Paul étale les dessins.*

Heureusement que le peuple n'est pas connaisseur. C'est plutôt le sujet que l'exécution qu'il achète.

PAUL.

Allons, voyons, ne gronde pas trop la main gauche. C'est notre gagne-pain.

ALBERT.

C'est que, mon frère, Dieu semble s'être détourné de nous. Autrefois, un être invisible jetait, souvent, sur nos pas, des secours inattendus, et dans ma reconnaissance superstitieuse, peut-être, je m'imaginais que Lucia nous envoyait du ciel l'ange de l'aumône et de la charité discrète. Depuis un mois, cet ange ne nous visite plus et notre bourse est moins garnie; il y a même des jours où elle est toute vide. (*Il montre une bourse de cuir vide.*)

PAUL.

Vide!

ALBERT.

Non, j'ai tort; elle renferme toujours un trésor précieux, le portrait de ma fille. (*Contemplant le portrait.*) Douce et noble figure! c'est bien elle. Il me semble toujours la voir, là, devant moi, les jours où mes pinceaux cherchaient à reproduire ses traits angéliques.

PAUL.

C'est un chef-d'œuvre que ce portrait.

ALBERT.

Je me rappelle ce regard triste et touchant qu'elle arrêtait sur moi; son sourire plein de tendresse filiale; ce front si pur qu'aucune mauvaise pensée n'avait terni. (*Il baise le portrait.*)

SCÈNE VI.

LES MÊMES; *du Peuple entrant dans l'église qui s'éclaire.*

PAUL *se lève et va étaler les images sur le perron.*

Voici la fin du jour et l'heure de la prière. Des chalands nous arrivent.

ALBERT *va aussi sur le perron de l'église.*

Vendrons-nous de quoi trouver un abri pour cette nuit?

PAUL, *offrant des dessins.*

Le martyre de Saint Étienne. (*Le peuple passe.*) Saint Pierre délivré de prison. (*De même.*) Le Christ descendu au sépulcre. (*De même.*)

ALBERT.

Rien! (*Offrant un dessin à des femmes.*) Le repentir de Madeleine.

PAUL.

Nous n'avons jamais pu vendre celui-là. Il fait fuir les femmes. (*Offrant un dessin.*) Jésus engageant un homme à le suivre après avoir vendu ses biens et en avoir donné le produit aux pauvres. (*On passe.*) Celui-là fait fuir les marchands. Ils veulent bien vendre, mais non pas donner.

ALBERT, *montrant un autre dessin.*

Job bénissant Dieu des maux qu'il lui envoie. (*On passe.*)

PAUL.

Celui-là fait fuir tout le monde.

ALBERT.

Qu'allons-nous devenir?... Pas une âme compatissante dans cette foule!

SCÈNE VII.

RAOUL, *sortant de l'hôtel*; ALBERT, PAUL, *puis* MULLER.

Raoul s'achemine vers l'Église et monte le perron, tandis que Paul et Albert sont affaissés.

PAUL, *à Raoul.*

Jésus consolant les affligés. (*Raoul fouille dans sa poche.*)

ALBERT, *allant à Raoul.*

Grand Dieu! Raoul!

RAOUL, *descendant.*

Albert!

PAUL.

Est-il possible!

RAOUL, *à Albert, qui recule honteux et confus.*

Albert vivant! mon ami, mon maître! Mais pourquoi vous éloigner à mon aspect?

ALBERT.

C'est que la misère est craintive et délicate.

PAUL, *avec reproche.*

Dis orgueilleuse, frère!

ALBERT.

C'est que nous n'occupons plus la même place dans le monde et qu'une distance infinie maintenant se trouve entre nous deux.

RAOUL.

De la distance! venez dans mes bras, mon maître, et il n'y en aura plus! (*Il lui saute au cou.*)

ALBERT.

Ah! merci, Raoul, merci!

RAOUL, *tendant la main à Paul.*

Et vous, Paul...

PAUL.

Oh! moi, c'est différent, je pourrais vous compromettre... (*Avec une ironie mêlée d'amertume.*) Un voleur!

RAOUL, *entre les deux frères et prenant la main de Paul.*

Un voleur, que je suis à la veille de réhabiliter!

PAUL.

Quoi! vous pourriez....

ALBERT.

Oh! Raoul, si vous faites cela!...

RAOUL.

Oui, oui, ce n'est pas pour rien que la Providence m'a fait vous rencontrer le jour même où... mais je m'expliquerai plus tard. D'ailleurs la place n'est pas commode pour un long entretien. C'est chez moi que je veux tout vous apprendre. Vous y viendrez ce soir à neuf heures, voici mon adresse. (*Il tire un calepin et écrit son adresse.*)

MULLER, *paraissant à part.*

J'ai devancé Martilly; la présence de Raoul près de Mathilde m'inquiète et je veux...

RAOUL, *remettant l'adresse.*

Voici, mon cher Albert.

MULLER, *à part.*

Albert! Albert et Paul avec Raoul! (*Il écoute en se réfugiant derrière la statue.*)

RAOUL, *écrivant sur un autre feuillet.*

Le temps me presse, j'ai des démarches à faire d'ici à neuf heures. Je reverrai Mathilde plus tard.

ALBERT.

Mathilde! Elle est à Rome!

RAOUL, *écrivant toujours.*

Oui, oui, je vous dirai, vous saurez tout. (*Il détache le feuillet.*

PAUL.

Frère, je vais m'occuper de chercher un gîte pour cette nuit

ALBERT.

Un gîte? et avec quoi le paieras-tu?

RAOUL.

Je vous proposerais de partager le mien, tout le temps que je passerai à Rome, mais je ne veux pas qu'une certaine personne puisse vous rencontrer chez moi...Voici, du reste, quelques pièces d'or qu'un ami offre à un ami.

ALBERT.

Je ne sais si...

PAUL.

Toujours un fond d'orgueil! (*A Raoul.*) Donnez; moi, je n'hésite pas à accepter la bourse de celui dont j'accepte le cœur.

RAOUL, *se dirigeant vers l'hôtel.*

A la bonne heure.

PAUL.

Frère, je te laisse un instant, ramasse la galerie. Je te rejoindrai ici. (*Il sort.*)

RAOUL, *qui a été parler à un domestique.*

Ce papier à mademoiselle Martilly, dans l'église... (*Le domestique va dans l'église.*) Ainsi, c'est convenu : Je vous attends à l'heure dite; n'oubliez pas mon adresse.

ALBERT, *lisant l'adresse.*

Non, non; sur le Tibre, maison de la madone, près de.... (*Muller écoute.*)

RAOUL.

Je laisserai ouverte la porte de l'allée.

ALBERT.

Nous serons au rendez-vous.

RAOUL.

Allons, à bientôt, et du courage; j'attends certains papiers que j'aurai grand plaisir à vous montrer; car ils prouveront l'innocence de Paul en révélant le nom du vrai coupable. A ce soir.

MULLER, *à part.*

Oh ! il faut que je sache... (*Il suit Raoul et disparaît.*)

SCÈNE VIII.

ALBERT, *seul, se couchant sur les marches.*

Ah!... je puis me traîner à peine; car voilà trois jours que nous marchons sans nous arrêter; mes membres sont brisés et je sens que mes paupières se ferment malgré moi. (*Il s'endort au son très-doux et lointain de l'orgue de l'église qu'on entend jusqu'à la fin du tableau. La nuit est tout à fait noire et la scène n'est éclairée partiellement que par des lueurs crépusculaires qui s'épanchent du portail de l'église.*)

SCÈNE IX.

MATHILDE, LUCIA, ALBERT, *endormi.*

MATHILDE, *le papier à la main.*

Venez, Lucia... ce billet qu'on vient de me remettre dans l'église... savez-vous ce qu'il renferme? Les deux frères sont vivants !

LUCIA, *exaltée.*

Je vous l'avais bien dit ! Merci, mon Dieu ! Vous m'avez tenu parole; je vous tiendrai parole aussi.

MATHILDE.

Que voulez-vous dire ?

LUCIA.

Je réaliserai, ce soir même, le vœu que je lui ai fait : je m'enfermerai, pour n'en sortir jamais, dans la pieuse maison où je dois me consacrer au soulagement des pauvres.

MATHILDE.

Mais quand votre père saura...

LUCIA.

Il faut qu'il ignore toujours que j'existe.

MATHILDE.

Quoi ! vous voulez...

LUCIA.

S'il me savait vivante, ma destinée dans ce monde ferait renaître toutes ses inquiétudes. Il croirait au-dessus de mes forces l'accomplissement du vœu que j'ai fait d'employer toutes les heures de ma vie à secourir les malheureux, et s'il est vrai que je doive bientôt succomber à la peine, il ne faut pas renouveler dans son cœur les douleurs assoupies de ma mort.

MATHILDE, *attendrie et admirant.*

Noble fille! vous me faites tout admettre et tout croire. Vous êtes l'ange de la foi et de l'espérance... (*Désignant Albert endormi sur les marches de l'église.*) Soyez aussi l'ange de la charité. J'aperçois là un malheureux; voici un peu d'or, que vos saintes mains le lui donnent.

LUCIA.

Oui, car la charité est encore plus agréable à Dieu que l'espérance et que la foi.

MATHILDE.

Et maintenant, Lucia, que je vous presse sur mon cœur, et... puisque vous le voulez... adieu!

LUCIA.

Adieu, mademoiselle Mathilde, adieu ! (*Elles s'embrassent en pleurant. Mathilde rentre à l'hôtel.*)

SCÈNE X.

LUCIA, ALBERT *endormi; puis* PAUL.

LUCIA.

Mon père est vivant!... oh! je voudrais pourtant bien le voir encore une fois... rien qu'une fois, mon Dieu ! Voici la fin de la prière, il faut me retirer; mais avant, donnons à ce pauvre... il dort; que son réveil soit heureux. (*Elle s'approche d'Albert et en déposant les pièces d'or dans son chapeau, elle le reconnaît.*) Mon Dieu ! mon Dieu ! (*Tombant à genoux.*) Vous m'exaucerez donc toujours!... Le voilà ! pauvre père !... comme il est pâle !... Ah! gardons-nous de l'éveiller, mais avant de le quitter, de le quitter pour jamais... je veux déposer sur son front... (*Elle le baise au front.*)

ALBERT, *rêvant.*

La revoir... la revoir!... mais la revoir misérable !... Non, reste au ciel, ma fille, sous la garde de Dieu et attends-moi.

LUCIA.

On va sortir de l'église... il peut s'éveiller... encore un baiser, (*Elle le baise au front.*) Et maintenant, au revoir, mon père... au revoir. (*Elle montre le ciel, s'éloigne en le considérant, et s'arrête au fond.*)

PAUL, *entrant.*

Albert, Albert, viens, notre gîte est arrêté, et Raoul nous attend. (*Albert s'éveille.*) Qu'as-tu donc, frère? tu souffres?

ALBERT.

Non, frère, j'étais heureux!

PAUL.

Heureux !... toi !

ALBERT.

Oui, je rêvais de ma fille !

LUCIA, *tandis que les deux frères s'éloignent.*

Pauvre père !... Seigneur, mon Dieu, bénissez-les tous deux.

DEUXIÈME TABLEAU.

La scène représente une pièce de l'appartement de Raoul. Au fond, porte au milieu, et à gauche, une fenêtre avec balcon donnant sur le Tibre. Porte à gauche, porte à droite. Table à droite, table à gauche. Flambeau allumé sur la table de gauche. Il tonne et il éclaire ; on voit les éclairs par la fenêtre ouverte du balcon.

SCÈNE XI.

RAOUL, *assis à gauche, tenant un portefeuille ouvert.*

Albert et Paul ne tarderont pas à venir... à moins que l'orage ne les retienne. Le ciel est d'un sombre, et le Tibre, sous ma fenêtre, mugit avec une violence!... (*Parcourant une lettre.*) Si je suis bien renseigné par cette lettre que j'ai trouvée ici, ce matin, à mon arrivée, les papiers doivent me parvenir dans deux jours au plus tard, à une autre adresse que la mienne et sous un autre nom, pour dépister les menées de Muller; car c'est le plus actif et le plus rusé des hommes. Une fois nanti de ces pièces... Mais je ne me trompe pas... j'entends du bruit dans l'escalier, c'est Albert et son frère sans doute... (*Il plie le portefeuille, le tonnerre et les éclairs cessent.*)

SCÈNE XII.

RAOUL, MULLER.

MULLER, *à part, en entrant.*

Un portefeuille ! c'est là que sont ces papiers funestes.

RAOUL, *mettant le portefeuille dans sa poche et remontant.*

Monsieur Muller !

MULLER, *d'un ton riant et dégagé.*

Vous ne m'attendiez pas?

RAOUL.

Qu'est-ce qui me procure l'ho... (*Se reprenant.*) Que venez-vous faire ici, monsieur Muller ?

MULLER.

Je viens vous voir et causer avec vous.

RAOUL.

De quoi?

MULLER.

De nos continuelles disputes. Je viens vous proposer la paix.

RAOUL.

Vous n'avez donc plus le moyen de faire la guerre? Mais au fond je ne suis pas fâché de votre visite et nous pouvons aborder et terminer, séance tenante, l'importante affaire dont je ne devais vous entretenir que dans deux jours.

MULLER.

A la bonne heure; car enfin, je ne sais pas, monsieur d'Aremberg, pourquoi vous me haïssez.

RAOUL.

Parce que vous ne méritez pas d'être aimé, malgré vos prétentions à être aimable.

MULLER.

Je ne vous ai cependant jamais rien fait.

RAOUL.

A moi personnellement, c'est vrai; mais si les honnêtes gens n'étaient pas si prudents, disons le mot: si lâches, ils prendraient toujours le parti de celui d'entre eux qui est attaqué.

MULLER.

Parlez plus clairement, monsieur d'Aremberg, qu'avez vous à me dire?

RAOUL.

Je pourrais vous faire la même question; car enfin si vous êtes venu chez moi, ce n'est pas uniquement pour me procurer le plaisir de vous regarder; c'est surtout pour que j'aie l'agrément de vous entendre.

MULLER, *embarrassé.*

Je ne sais comment... je voudrais...

RAOUL.

Au fait, tenez, il vaut mieux que je commence, je vais droit au but, ce sera plutôt fini.

MULLER, *attentif et agité.*

Je vous écoute.

RAOUL.

Il y a quinze jours que j'ai quitté Florence. (*Muller s'agite, les jambes lui tremblent.*) Vous avez l'air mal à votre aise, monsieur Muller, prenez donc un siége.

MULLER, *se remettant avec effort.*

Poursuivez, poursuivez.

RAOUL.

J'y ai vu votre mère, une pauvre vieille femme, digne des respects de tous, et qui ne savait pas quel cadeau elle faisait au monde, quand elle vous donnait le jour.

MULLER, *à part.*

Maîtrisons-nous.

RAOUL.

C'est là que j'ai appris, entre autres choses, que vous êtes originaire du Piémont, et que vous ne vous appelez pas Joseph Muller, mais Jean Bally.

MULLER, *chancelant, à part.*

Pourvu qu'Albert et Paul n'arrivent pas!

RAOUL.

Vous paraissez fatigué, donnez-vous donc la peine de vous asseoir.

MULLER, *se remettant.*

Continuez continuez, et hâtez-vous.

RAOUL.

Ce récit vous intéresse. En quittant Florence, j'y ai laissé un homme exprès, chargé de la recherche de votre biographie, et je dois, bientôt, la recevoir complète, avec des pièces à l'appui.

MULLER.

Vous avez déjà reçu tout cela, monsieur, et vous l'avez dans votre portefeuille.

RAOUL, *à part.*

Au fait, pourquoi ne pas lui laisser croire... (*Haut.*) C'est possible.

MULLER.

Eh bien, mettez un prix à ces papiers, et, quel qu'il soit, je vous l'offre en échange.

RAOUL.

Ces papiers, je les ai achetés assez cher, ma foi; mais je n'ai pas l'intention de les vendre.

MULLER.

Seriez-vous assez généreux pour me les donner?

RAOUL.

Ils sont promis.

MULLER.

A qui donc?

RAOUL.

A la justice.

MULLER, *à part.*

Et Albert et Paul qui peuvent venir! (*Il va au fond et ferme la porte. Haut.*) Monsieur d'Aremberg, vous ne voulez pas me donner ces papiers?

RAOUL.

Non.

MULLER.

Vous ne voulez pas me les vendre!

RAOUL.

Non.

MULLER, *montrant un pistolet.*

Il faut donc vous les arracher?

RAOUL, *montrant un pistolet de son côté.*

Calmez-vous!

MULLER, *à part.*

Il est armé!

RAOUL.

Vous aviez cru me surprendre, n'est-ce pas?... C'est singulier, la pauvre opinion qu'on a des honnêtes gens! On les prend pour des imbéciles.

MULLER, *à part.*

Fatalité!

RAOUL, *montrant le pistolet.*

A Rome, ceci, ou le poignard, est à la mode; c'est de première nécessite; C'est comme un complément de toilette, surtout quand on sait qu'on peut rencontrer, la nuit, des gracieux de votre espèce.

MULLER, *hors de lui.*

Mais encore une fois, monsieur, pourquoi tant de haine contre moi?

RAOUL.

Donnez-vous la peine de vous asseoir, et prenez un fauteuil, si une chaise ne vous semble pas commode.

MULLER.

Mais, monsieur!...

RAOUL, *impérativement.*

Asseyez-vous donc!

MULLER, *s'assied à droite, Raoul à gauche.*

Et dites-moi enfin ce que je dois faire, pour...

RAOUL.

Je vous dirai d'abord de déposer votre pistolet.

MULLER, *déposant son pistolet sur la table.*

Voiçi.

RAOUL, *déposant le sien à l'autre extrémité.*

Voilà, et croyez-moi, nous avons à causer, ne permettons pas à ces interlocuteurs (*désignant les pistolets*) d'entamer la conversation; autrement, elle serait terminée aux deux premières syllabes. Pan! pan! tout serait dit. Vous tomberiez d'un côté; moi, de l'autre, je vous regarderais tomber, car ma main est très sûre et la vôtre est tremblante; et puis vous savez de quelle force je suis à l'épée? Eh bien! je suis encore plus fort au pistolet, et je puis, à votre choix, vous percer le front, vous crever un œil, vous briser les dents... sans répondre d'ailleurs des éclaboussures.

MULLER, *à part.*

Patience! patience!

RAOUL.

Ainsi, ne touchons pas, s'il vous plaît, à ces armes, et continuons à causer comme avant... de bonne amitié: Vous êtes un faussaire et un voleur.

MULLER, *se levant, à part.*

Il sait tout!... (*Il porte la main à son pistolet.*)

RAOUL, *résolument, se levant et saisissant le sien.*

Mettez donc vos mains sur vos genoux! (*Muller se rassied, Raoul aussi.*)

MULLER.

Monsieur d'Aremberg, ne m'accablez pas! n'abusez pas de quelques imprudences...

RAOUL.

Vous appelez cela des imprudences! Des méfaits qui vous

tiennent trois ans dans les prisons de Turin.

MULLER.

Soyez généreux, monsieur d'Aremberg !

RAOUL.

Et là, dans ces prisons où vous étiez pour faux, vous auriez dû y être encore pour vol.

MULLER.

Oh ! par grâce !

RAOUL.

Car c'est vous qui avez commis le crime dont un autre fut accusé et porta la peine. Et cet homme, cet innocent, était dans la même prison que vous, et vous le saviez, et vous n'avez rien dit !

MULLER.

Oh ! si vous pouviez juger de mon repentir, monsieur, votre parole serait moins sévère ! Le présent, d'ailleurs, a expié le passé.

RAOUL.

Votre présent ! Il est, pardieu, bien honnête ! Vous gagnez la confiance d'un brave homme, de Martilly, vous recherchez la main de Mathilde, sans songer que le père et la fille peuvent mourir de votre déshonneur, s'il vient à être découvert.

MULLER.

J'espérais qu'il ne le serait pas.

RAOUL.

Dites plutôt que, craignant qu'il ne fût découvert tôt ou tard, vous vouliez abriter votre infamie derrière la considération d'un honnête homme, et user de son crédit pour tout assoupir... C'était encore une spéculation.

MULLER.

Je croyais que les faux dont je m'étais rendu coupable étaient anéantis.

RAOUL.

Ils ne le sont pas, et l'innocent accusé et condamné pour votre crime, il est à Rome avec son frère.

MULLER, *feignant d'ignorer.*

Ah ! ils sont à Rome !...

RAOUL.

Oui, la Providence, que vous autres appelez hasard, fait souvent de ces coups pour humilier l'orgueil des coquins.

MULLER, *se levant.*

Monsieur !... (*Il saisit son pistolet.*)

RAOUL, *se levant et saisissant le sien.*

Remettez-donc vos mains sur vos genoux ! (*Ils se rasseyent.*) Nous ne sommes pas ici pour nous dire des douceurs. L'affaire est trop grave pour qu'il y ait lieu à politesse et à hypocrisie... ah ! Si vous étiez tout simplement un de ces égoïstes habiles qui respectent les lois des tribunaux, en violant celles de la conscience ; de ces gens qui prospèrent, sans s'exposer à la prison ou à la corde ; qui ne craignent pas Dieu, mais qui craignent les hommes, je pourrais y mettre des formes, vous saluer même avec considération... c'est odieux ! c'est affreux ! mais cela se fait ; ainsi le veut le savoir-vivre des gens comme il faut. Mais, franchement, un voleur et un faussaire, c'est le ménager encore, je crois, que de l'appeler coquin !

MULLER, *frémissant.*

Enfin, monsieur, que voulez-vous faire de moi ? Comment prétendez-vous que j'expie ces maudites étourderies de jeunesse ? (*Ils se lèvent.*)

RAOUL.

Vous appelez cela étourderie ? Vous y mettez des formes. Écoutez-moi : en considération de votre mère qui mérite des ménagements, je ne vous ai pas aujourd'hui même dénoncé à la justice ; mais si la compassion légitime que m'inspire une pauvre femme me fait lui épargner la honte d'avoir un supplicié dans sa famille, ma conscience me fait un devoir, plus sacré encore, de proclamer plus tard les crimes de son fils, et de venger un innocent.

MULLER.

Plus tard ? Expliquez-vous et dites-moi ce que vous exigez.

RAOUL.

Vous demanderez pardon à Albert et à Paul, qui vont venir ici, de tout le mal que vous leur avez fait.

MULLER, *à part.*

Oh ! il faut qu'ils arrivent trop tard ! (*Haut et vivement.*) Ensuite, ensuite...

RAOUL.

Vous irez ce soir même, chez monsieur Martilly ; vous lui direz devant moi qui vous êtes... puis, vous partirez pour les États-Unis... ou pour Botany-Bay... ce serait encore mieux et quand vous serez arrivé là, quand vous serez hors d'atteinte, je livrerai les papiers à la justice.

MULLER.

Je partirai ; mais dans quelques jours seulement ; je dois m'occuper de mon passage à bord d'un navire.

RAOUL.

Je vous céderai le mien pour un capitaine du port d'Ostie, qui est de mes amis et qui met à la voile après-demain.

MULLER.

Je l'accepte ! (*Il veut prendre furtivement son arme.*)

RAOUL, *passant à la gauche de la table et ouvrant un tiroir.*

Il est ici ; venez le prendre... mais laissez votre arme où elle

MULLER.

Qui me dit que vous ne ferez pas usage de la vôtre ?

RAOUL, *avec dédain.*

Moi !... eh bien, venez le recevoir ici... (*Il désigne le fond ; Muller va là et Raoul l'y rejoint.*)

MULLER.

A la bonne heure !

RAOUL, *donnant le passage.*

Tenez, le voilà !

MULLER, *tirant un poignard de sa poche.*

Non, ce n'est plus cela qu'il me faut ; mais les papiers ! (*Il le saisit à la gorge.*)

RAOUL, *près de la fenêtre, reculant.*

Misérable !

MULLER.

Monsieur d'Aremberg, si je me suis déssaisi du pistolet, j'ai gardé ce poignard !

RAOUL.

Au secours !... au secours !...

MULLER.

J'ai hâte d'en finir... Les papiers !

RAOUL.

Mais je ne les ai pas encore !

MULLER.

Une hésitation de plus et tu es mort ! Les papiers !

RAOUL.

Mais je... (*Muller, qui s'est avancé jusque sur le balcon où s'est réfugié Raoul, le frappe de son poignard ; Raoul, qu'on ne voit pas, pousse un cri.*) Oh !... au secours ! au secours ! au se... (*On entend la chute d'un corps dans l'eau.*)

MULLER, *en scène.*

Plus rien à craindre ! le fleuve anéantira les papiers comme il a étouffé pour jamais la voix de Raoul ! Et maintenant, je suis sauvé ! (*On frappe à la porte.*) On frappe ! Malédiction ! pas moyen de sortir d'ici !... (*On frappe encore ; il va voir aux deux portes de droite et de gauche.*) Pas d'issue ! (*Il est frappé d'une idée subite.*) Ah ! (*Il éteint la bougie et va ouvrir dans l'obscurité. Albert et Paul entrent. Muller sort en tirant la porte sur lui.*)

SCÈNE XIII.

ALBERT, PAUL, *dans l'obscurité.*

ALBERT.

Nous arrivons tard...

PAUL.

Pas de lumière ici !

ALBERT.

J'en aperçois une dans la pièce voisine. (*Paul entre dans la chambre à droite et en revient bientôt avec un flambeau.*) Il m'avait semblé entendre... et puis quelqu'un nous a ouvert, et Raoul est sans doute... (*Il fait un pas vers la chambre.*)

PAUL, *paraissant.*

Personne ; il n'y a personne dans cette chambre.

ALBERT, *appelant.*

Raoul ?... (*Silence.*)

PAUL, *poussant la porte de gauche.*

Raoul ? (*Silence.*)

PAUL.

Rien ! Et cette arme ici. (*Il prend le pistolet sur la table de gauche.*)

ALBERT.

Et une autre, là ! (*Il prend le pistolet de droite.*)

PAUL, *près du balcon.*

Et des traces de sang sur ce balcon!

ALBERT.

Ah! mon Dieu! si c'était... Paul, cours appeler...

PAUL, *arrivé à la porte du fond.*

Fermée! Cette porte est fermée sur nous!

ALBERT.

Quel affreux mystère! (*On frappe à la porte.*

PAUL.

On frappe!

UNE VOIX EXTÉRIEURE.

Ouvrez! ouvrez! (*On entend le bruit de culasses de fusils qui heurtent violemment à la porte.*)

ALBERT.

Ce bruit...

LA VOIX.

Ouvrez! ouvrez! au nom de la loi.

PAUL.

Au nom de la loi. (*La porte cède aux coups.*)

SCÈNE XIV.

LES MÊMES, UN OFFICIER, SOLDATS.

L'OFFICIER.

Qu'on s'empare de ces deux hommes. (*Les soldats arrêtent Albert et Paul.*)

ALBERT.

Monsieur, écoutez-nous!

L'OFFICIER.

La personne qui nous à avertis qu'elle avait entendu ici des cris de détresse ne s'était pas trompée! Un meurtre a été commis... un cadavre a été jeté dans les flots du Tibre et vous êtes les assassins.

PAUL.

Nous!

L'OFFICIER, *aux soldats.*

Fouillez ces deux hommes. (*On fouille Albert et Paul.*)

ALBERT.

Oh! il y a d'horribles, d'implacables destinées.

UN SOLDAT, *désignant Paul*

Rien sur cet homme.

PAUL, *à l'officier.*

Monsieur, craignez qu'une erreur fatale...

UN SOLDAT, *désignant Albert.*

Des pièces d'or sur celui-ci.

L'OFFICIER.

Vous aurez à rendre compte à la justice de ces armes trouvées ici et de ces pièces d'or.

PAUL.

Cet or, on nous l'a donné.

L'OFFICIER.

Qu'on les emmène.

ALBERT.

Nous sommes maudits.

PAUL, *solennel.*

Ne blasphème pas, frère; courbe la tête, soumets-toi et attends!

ACTE V.

Le théâtre représente une chambre d'infirmerie dans une prison. Porte à gauche par où viennent les visiteurs. Porte au fond, au milieu, conduisant à la pièce des gardiens. Fenêtre au fond, donnant sur une place. Porte à droite, conduisant à la chambre de Paul et d'Albert. Quelques insignes de religion. Table à droite avec une chaise. Chaise à gauche.

SCÈNE I.

PAUL, *sortant de la porte à droite, et la fermant avec précaution.*

Il dort... pauvre frère! un profond découragement s'est emparé de lui; il ne répond plus à mes paroles d'espérance, pas même pour les combattre!... Ah! Mathilde seule aurait pu par sa présence relever son courage abattu... elle ne vient pas. Cependant, il est impossible qu'elle manque à sa promesse, qu'elle nous abandonne! Nous lui devons déjà, par le crédit des amis de son père, d'avoir été transportés de notre prison dans cette infirmerie où l'on respire un air plus salutaire... et c'est encore grâce à elle que nous avons obtenu un sursis de trois jours à l'arrêt de mort prononcé contre nous. Mais les trois jours sont écoulés, voici le quatrième qui commence, et si elle n'a pas paru jusqu'ici, c'est que sans doute un motif bien pressant la retient ailleurs... Mais je ne me trompe pas, on vient de ce côté... c'est elle!... (*Martilly et Mathilde entrent par la gauche.*)

SCÈNE II.

MARTILLY, PAUL, MATHILDE.

PAUL.

Ah! mademoiselle Mathilde, vous voilà enfin!... si vous saviez avec quelle impatience on vous attendait!... Et vous aussi, monsieur... Oh! merci, merci de votre générosité.

MARTILLY, *avec effusion.*

Monsieur Paul, si j'ai dû, il y a un an, refuser la main de ma fille à votre frère, aujourd'hui qu'il est condamné pour un meurtre dont il n'est pas coupable, j'ai dû venir à lui, le consoler, l'encourager... Albert est-il moins mon ancien ami pour être le plus malheureux des hommes?..... Non, non, au contraire.... Je sais respecter, du monde, une certaine prudence que la sagesse approuve... Mais quand le monde me dit que l'amitié doit s'arrêter au seuil d'une prison, où gémissent deux innocents, ou même aux marches d'un échafaud où vont monter deux victimes, alors je n'écoute plus le monde; sa prudence n'est qu'une lâcheté cruelle, et je suis les mouvements de mon cœur! (*Paul se précipite sur sa main.*)

MATHILDE.

Ah! monsieur Paul, si nous ne sommes pas venus, depuis ces derniers jours, porter des paroles de consolation aux pauvres prisonniers, c'est que nous avions l'espoir de mettre bientôt la justice sur les traces du mystérieux assassin...

PAUL.

Comment?

MATHILDE.

Lorsqu'il y a un mois, vous avez rencontré Raoul près de l'église Saint-Charles Borromée, ne devait-il pas vous montrer des papiers révélant votre innocence et faisant connaître le vrai coupable du vol pour lequel vous fûtes condamné?

PAUL.

Oui, et c'est pour cela qu'Albert et moi nous sommes allés ce soir-là chez lui... Mais, hélas! son cadavre était déjà dans le fleuve.

MARTILLY.

L'infortuné Raoul ne vous avait pas dit précisément qu'il eût déjà reçu ces papiers?

PAUL.

Non, il ne les avait pas encore; mais, il ne devait pas tarder à les recevoir.

MARTILLY.

Eh bien, ces papiers qui devaient révéler le nom du voleur, révéleront aussi celui de l'assassin; car nul autre que lui n'avait intérêt à se défaire de Raoul.

MATHILDE.

Et pour que ces papiers ne puissent être enlevés secrètement s'ils arrivent à la demeure de Raoul, mon père a placé dans cette maison un homme sûr et dévoué.

MARTILLY.

Et, d'un autre côté, comme Raoul aurait bien pu se les faire adresser ailleurs que chez lui et sous un autre nom que le sien, j'ai répandu, depuis trois jours, dans tous les quartiers de Rome, par une circulaire, que si quelque habitant avait reçu un paquet dont le destinataire ne se fût pas présenté, on n'eût qu'à me l'envoyer, que j'en répondais à la justice et que je donnerais mille écus d'or.

MATHILDE.

Est c'est en faisant connaître tous ces détails à la justice que mon père a obtenu le sursis de trois jours

MARTILLY, *tristement.*

Oui; mais le délai est expiré, et malgré mes vives instances pour qu'il soit prolongé... je crains bien... que ces papiers, s'ils arrivent...

PAUL.

Arrivent trop tard... n'est-ce pas?... nous sommes prêts à mourir.

MATHILDE.

Et maintenant conduisez-nous près de votre frère, et, pour ranimer ses forces, témoignons une sécurité que nous n'avons pas.

PAUL.

Oui, venez, venez. Si une justice égarée nous frappe aujourd'hui, les hommes pourront vous reprocher d'avoir protégé deux infâmes, mais Dieu vous bénira pour n'avoir pas abandonné deux nobles martyrs.

SCÈNE III.

MULLER, *se glissant comme un serpent par la porte de gauche au moment où les autres disparaissent à droite ; souriant ironiquement.*

Oui, allez, chers amis, allez consoler les martyrs! faites-leur espérer des preuves qui n'existent plus. Trouvés dans les vêtements de Raoul, que le Tibre avait rejeté mourant sur le rivage, ces papiers étaient décomposés par l'eau et ne faisaient plus qu'une masse humide et confuse!... Je les ai vus entre les mains de ce Transteverin, de cette espèce de bandit qui avait recueilli Raoul dans sa cabane, et qu'un heureux hasard m'a fait rencontrer aux portes de Rome au moment où il se rendait au tribunal... Je lui ai demandé ce qu'il espérait de ses révélations... il m'a dit : Une faible aumône... j'ai fait briller des poignées d'or à ses yeux! il a rebroussé chemin pour aller rendre au Tibre le mourant que le Tibre avait rejeté... et puis, pour m'assurer qu'il avait tenu parole, je me suis rendu en secret dans la cabane de ce bandit, et j'ai trouvé déserte la couche où Raoul avait passé quelques jours entre la mort et le délire! Oh! maintenant je suis tranquille... l'eau du fleuve a anéanti ces papiers funestes, et Raoul repose au fond de l'abîme. Mais pour parer à tout, même à l'impossible, je m'attache aux pas de Mathilde et de Martilly, j'épie toutes leurs démarches, je paralyse leur générosité... Le sursis ne sera pas prolongé; l'arrêt doit être exécuté aujourd'hui même; j'ai vu les préparatifs. Ainsi dans une heure, j'aurai banni toute crainte... (*Sombre.*) Toute crainte?... Non... je suis moins calme qu'Albert et que Paul! Quels sont donc ces hommes qu'une mort publique et infamante n'épouvante pas?... Y aurait-il dans l'univers un autre tribunal que celui des hommes?... Espèrent-ils au delà de la vie un juge favorable pour eux, redoutable pour moi?... (*Souriant.*) Où s'égare ma pensée?... Allons, allons, Jean Bally, courage! ne quitte pas ces lieux avant que tout soit fini; c'est ici la dernière lutte sans doute, après quoi tu disparais pour toujours sous l'enveloppe du riche et de l'honnête Muller?... (*Il sort par la gauche, en entendant du bruit à droite.*)

SCÈNE IV

MATHILDE, MARTILLY.

MARTILLY.

Allons, Mathilde, allons, ne te laisse pas abattre, l'heure avance, il faut nous rendre en toute hâte à l'hôtel du Président.

MATHILDE.

J'aurais pourtant bien voulu attendre cette pauvre Lucia.

MARTILLY.

Elle doit venir ici ?

MATHILDE, *avec un signe de silence.*

Oui, mon père; je n'ai pu résister à sa prière ; elle veut, sans être reconnue, et sous le costume d'une sœur de la Miséricorde, donner des soins à son père et à Paul... Mais elle tarde bien, et je crains...

SCÈNE V.

MARTILLY, LUCIA, MATHILDE.

LUCIA, *en sœur de la Miséricorde, avec un grand voile.*

Me voici.

MATHILDE.

Ah! c'est vous Lucia? que de force, que de résolution, après ce que vous avez fait depuis un mois!

LUCIA.

Sans l'aide de Dieu, j'aurais succombé; mais j'ai prié, j'ai tant prié!...

MATHILDE.

Vous pouvez vous soutenir à peine.

LUCIA.

Oui; mes pieds sont meurtris et brisés... mais qu'est-ce que la douleur du corps, mon Dieu!... Où sont-ils?

MATHILDE, *désignant la porte à droite.*

Là.

LUCIA.

Vous ne leur avez rien dit, au moins?

MATHILDE.

Non, vous l'avez voulu ; vous avez pensé qu'ils avaient besoin de toute leur fermeté, et vous avez craint que la révélation de votre existence ne leur causât une émotion funeste.

LUCIA.

C'est bien... ils ne me reconnaîtront pas sous ce costume. Et puis, je suis si changée, n'est-ce pas?

MATHILDE.

Oui, oh! oui!

LUCIA, *souriant tristement.*

Je ne m'en plains pas, au contraire; vous voyez que c'est heureux dans cette circonstance. Dieu fait bien tout ce qu'il fait.

MATHILDE.

Je vous laisse, Lucia. J'ai une espérance de les sauver, et je ne veux pas qu'elle m'échappe avant d'avoir tout fait pour la réaliser.

LUCIA.

Allez, allez, mademoiselle, tout cela vous sera compté un jour. (*Mathilde embrasse Lucia et sort avec son père.*)

SCÈNE VI.

LUCIA, *seule*

Pourrais-je les revoir sans mourir de douleur! mon Dieu, mon Dieu, continuez-moi la force que vous m'avez donnée pour supporter la mort de Raoul et les malheurs de mon père.

SCÈNE VII.

LUCIA, PAUL, ALBERT.

ALBERT, *appuyé sur Paul.*

Un peu d'air, mon frère... conduis-moi à cette fenêtre. (*Désignant le fond, à gauche.*)

PAUL, *à part.*

A cette fenêtre! (*Apercevant Lucia.*) Ah! c'est vous que mademoiselle Mathilde nous envoie pour veiller, la nuit, près de nous?

LUCIA, *d'une voix émue et éteinte.*

Oui.

PAUL.

Tiens, frère, appuie-toi un instant sur le bras de cette bonne sœur.

LUCIA, *à part.*

Ne m'abandonnez pas, Seigneur! (*Elle prend le bras d'Albert.*)

PAUL, *épouvanté, après avoir ouvert la fenêtre, qu'il referme.*

Ah!

ALBERT, *à Lucia.*

Comme votre main tremble!

PAUL, *revenant à la gauche d'Albert.*

Tu es bien faible, et je crains que cette atmosphère humide.. il vaudrait mieux rentrer dans la chambre.

ALBERT.

Non, te dis-je; ma poitrine est oppressée... il me faut de l'air. J'ai besoin de voir le ciel.

PAUL, *à part.*

Comment le détourner?... (*A Lucia, vivement.*) Fermez, fermez cette fenêtre! Viens, frère, viens, rentrons!

LUCIA, *qui est allée ouvrir la fenêtre, à ces mots d'Albert : « Ma poitrine est oppressée... »*

Grand Dieu! l'échafaud!... (*Elle tombe évanouie près de la fenêtre.*)

ALBERT, *à Paul.*

L'échafaud! je comprends... (*Il serre la main de Paul.*)

PAUL.

Frère, du courage!

ALBERT, *avec fermeté.*

J'en aurai! regarde, je suis calme, et tu me verras marcher sans crainte... (*Apercevant Lucia évanouie.*) Mais cette pauvre sœur.. sans doute la vue de ces tristes apprêts... (*Il la soutient, redescend la scène avec elle et la fait asseoir sur la chaise de gauche; puis, écartant son voile.*) Grand Dieu!... (*Il recule.*) Est-ce une vision? Paul, frère, regarde!

Lucia!

ALBERT, *comme en délire.*

C'est impossible ! c'est un ange du ciel sous les traits de ma fille... (*S'approchant.*) Mais non, c'est elle... Lucia, dis-moi, dis-moi que tu es bien mon enfant.

LUCIA, *se précipitant dans ses bras.*

Oui, mon père, oui, c'est moi...

ALBERT, *la touchant, comme pour s'assurer que ce n'est pas une illusion.*

Ma fille, ma Lucia, c'est toi !

LUCIA.

Oui, c'est moi qui vous ai trompé... qui vous ai fait croire à ma mort pour vous débarrasser du fardeau de ma vie !

ALBERT.

C'est que nous allons te quitter, mon enfant ! je croyais que tu nous attendais, et c'est nous qui allons t'attendre.

LUCIA.

Mais, non, mon père, non, vous ne mourrez pas ; j'ai une promesse du ciel.

PAUL.

Que dis-tu ?

LUCIA.

Il y a un mois, quand vous fûtes arrêtés, je savais qu'il existe dans le Tyrol une sainte chapelle dédiée à la Vierge des désespérés, que les malheureux n'invoquent jamais en vain. Je partis, j'ai fait le voyage nu-pieds et je suis revenue de même

ALBERT et PAUL, *attendris.*

Oh !

LUCIA.

Et au sortir de la chapelle, où j'avais prié avec ferveur pour vous deux, j'entendis une voix mystérieuse et douce qui me disait : « Ton vœu sera exaucé. Par ta foi et par ta prière, ceux que » tu aimes seront sauvés. » Mon père, reprenez courage ; la Vierge des désespérés tiendra sa promesse !

ALBERT.

Mais l'instrument du supplice est là, sur cette place, et son aspect t'a fait reculer d'épouvante !

LUCIA.

Je n'ai pu maîtriser une première impression, mais ma confiance me reste ; le doute offense Dieu, je ne veux pas douter !

ALBERT, *sur un signe de Paul de la laisser dans son illusion.*

Eh bien ! oui, ma fille, ne doutons pas de la miséricorde du Seigneur. Mais pour nous fortifier, Paul et moi, nous avons besoin d'un prêtre.

LUCIA.

Je vais en chercher un, mon père.

ALBERT.

Le prieur des dominicains est déjà venu, dans cette prison, nous exhorter à la patience. Je vais te donner un mot pour lui. (*Il va s'asseoir devant la table de droite.*)

LUCIA.

Oui, oui ! (*Bas à Paul.*) N'est-ce pas que vous avez confiance, que vous espérez, vous qui m'avez autrefois sauvée du désespoir ?

PAUL.

Oui, ma fille, oui, ma fille, espérons et prions toujours. (*Ils prient agenouillés.*)

ALBERT, *lisant, à part, ce qu'il écrit.*

« Mon père, l'heure fatale est venue ; je vais mourir... la » pauvre enfant qui vous remettra ce billet est ma fille ; gardez- » la près de vous ; qu'elle ne soit pas témoin du supplice de son » père ! » (*Il cachette.*) Tiens, ma fille, hâte-toi ! (*Il lui donne le billet.*)

LUCIA.

Oui, oui, et comptez toujours sur la protection de Dieu. (*Avec exaltation.*) De redoutables apparences règnent, il est vrai, autour de cette prison ; mais l'espérance vit au milieu des ruines qui s'entassent autour d'elle. L'avenir est sans doute bien sombre ; mais la foi brille au milieu des ténèbres, et la charité, mon père, la charité est plus puissante que la mort !

ALBERT.

Eh bien ! oui, ma fille, va, ne perds pas un moment.

LUCIA.

Oui, mon père et à bientôt.

ALBERT.

A bientôt ! (*Lucia embrasse Albert et Paul, et sort rapidement par la gauche.*)

SCÈNE VIII.

PAUL, ALBERT.

ALBERT, *qui s'est maîtrisé jusque-là, éclate avec désolation*

Oh ! il y a des douleurs qui triomphent des plus fermes résolutions !

PAUL, *étonné et alarmé.*

Que dis-tu ?

ALBERT.

Je dis que l'échafaud, je l'aurais bravé, j'y serais monté avec courage, lorsque je croyais que ma fille m'attendait au delà de la mort ; mais maintenant l'échafaud me fait peur... Je ne veux pas léguer l'ignominie de mon supplice à mon enfant... Je veux mourir, Paul, mais non sur cette place ; je veux mourir ici. (*Il montre un poignard.*)

PAUL.

Albert !...

ALBERT, *désespéré.*

Lucia ! Lucia ! tu ne seras pas devant les hommes la fille d'un supplicié !

PAUL, *solennel et ferme, lui arrêtant le bras.*

En veux-tu faire devant Dieu la fille d'un lâche désespéré ?... Écoute-moi, Albert, et quand tu auras entendu mes paroles, tu feras de ce poignard l'usage que tu voudras ! (*Il laisse retomber le bras d'Albert.*)

ALBERT.

Hâte-toi ! (*Désignant le fond.*) Cette porte va s'ouvrir, et ceux qui nous doivent conduire sur cette place, vont arriver ! Je ne veux pas qu'ils me trouvent vivant.

PAUL, *avec vigueur et conviction.*

Albert, penses-tu que le suicide te dérobe aux vues que Dieu a sur toi ? Es-tu assez présomptueux, frère, pour croire que tu peux lui échapper ?... Albert, tu veux éviter Dieu ! mais sais-tu qu'il est moins à craindre pour l'homme qui est dans cette vie que pour celui qui est au delà de la tombe ? la vie, au milieu de son épaisse atmosphère, nous permet à peine d'entrevoir Dieu ! mais au moment de la mort, on le rencontre face à face, et le lâche qui a voulu lui échapper doit plus trembler que tout autre.

ALBERT, *avec amertume et dérision.*

Es-tu comme ces vains moralistes qui pensent que le suicide est une lâcheté ?

PAUL.

Oui, l'homme qui se tue est un lâche qui a peur de la vie.

ALBERT, *de même.*

Qu'en sais-tu ?

PAUL.

Ce que j'en sais ? as-tu oublié ce que je t'ai dit ? un jour, une mortelle liqueur coula dans mes veines.

ALBERT, *de même.*

Eh bien ?

PAUL.

Eh bien, ce fut dans un moment de découragement insurmontable que j'accomplis cette lâcheté. Mais voici ce que je ne t'ai pas dit.

ALBERT, *de même.*

Eh ! que peux-tu dire ?

PAUL, *frissonnant.*

Ah ! si l'on savait ce que c'est que la mort, lorsqu'elle est le résultat du suicide ! Si l'on savait dans quel état se trouve une âme qui n'a pas attendu le congé de Dieu pour quitter la terre ! Écoute, Albert : après mon crime, quand le poison eut atteint le foyer de la vie, arrivé aux portes de la mort, si tu savais comme je regrettais l'existence ! Comme je rencontrai, là, un désespoir bien autrement implacable que celui qui m'avait poussé à ce crime ! (*Frémissant.*) De redoutables fantômes m'apparurent ! Je vis Dieu ! Dieu irrité contre moi de ce que j'avais osé mettre ma volonté en présence de la sienne ; Dieu, que j'avais voulu vaincre, et dont l'aspect me glaçait d'épouvante !... Regarde-moi, Albert, je tremble et je pâlis encore à ce souvenir... Ah ! bien peu d'hommes peuvent dire ce que je puis dire... car, arrivés au point où apparaissent ces visions, sur la limite des deux mondes, les suicidés, malgré tous les secours, ne peuvent plus revenir vers celui-ci. Moi, par un miracle, je suis revenu presque du sein de la mort, et Dieu l'a permis peut-être, pour que je pusse aller crier partout aux hommes désespérés : Malheur ! malheur au suicide !!!

ALBERT.

Et moi je te dis : Malheur et honte sur ma fille si son père monte sur l'échafaud ! Je n'écoute plus que mon désespoir !..

PAUL.

Frère, l'âme chaste et pure de Lucia montera un jour au ciel sur les ailes de la résignation et de la patience. Penses-tu que le désespoir prenne la même direction ?... Albert, tu ne veux donc pas que Dieu t'admette un jour au bonheur de revoir ta fille et de ne plus t'en séparer cette fois ?... (*Il montre le ciel.*)

ALBERT, *ébranlé.*

La revoir ?... ne plus m'en séparer ?

PAUL.

Ce serait là ta plus grande joie, sans doute ?

ALBERT, *avec expansion et larmes.*

Oh ! oui !

PAUL.

Cette joie doit être le prix du plus grand courage !

ALBERT.

La revoir, ma Lucia, ne plus la quitter !

PAUL.

Oui, mais il faut te soumettre ; il faut rejeter ce poignard, il faut mourir sur cet échafaud ! (*Il désigne la fenêtre.*)

ALBERT.

Allons, encore ce calice d'amertume ! Pardonnez-moi, Seigneur, d'avoir voulu le repousser !... (*Il donne le poignard à Paul qui le jette. La porte du fond s'ouvre ; on voit paraître des gardes et un officier de justice. Un Dominicain reste au fond.*

SCÈNE IX.

PAUL, ALBERT, OFFICIER DE JUSTICE, GARDES.

L'OFFICIER.

Le moment est venu ; le prieur des dominicains vous attend à la porte, pour vous accompagner et vous encourager.

PAUL.

Viens, frère, tous nos maux vont finir. (*Ils sortent, Paul appuyant la main sur l'épaule d'Albert.*)

SCENE X.

MULLER, *entre par la gauche au moment où Paul et Albert sortent par le fond.*

Je triomphe ! Albert et Paul vont suivre Raoul dans la tombe... Ainsi, plus personne au monde qui puisse me reprocher mon passé. Muller, l'avenir est à toi ! tu peux désormais marcher la tête haute et enchaîner enfin ta destinée à celle de la riche Mathilde... Mais je n'ose traverser cette place avant que tout soit accompli... et de cette fenêtre, je veux... (*Il va vers la fenêtre du fond, à gauche. — On entend dans la coulisse.*)

MATHILDE, *criant.*

Albert ! Paul !

SCÈNE XI.

MATHILDE, MULLER.

MULLER.

Que vois-je ? Mathilde !

MATHILDE, *très-émue, paraissant à gauche.*

Sauvés ! je viens les sauver !

MULLER, *l'arrêtant, très-agité.*

Quoi !

MATHILDE, *au comble de la joie.*

Ah ! si vous saviez, monsieur Muller, ces papiers... Mais l'émotion... cette course précipitée... (*Elle tombe sur le siége de gauche.*) Dites-leur de venir recevoir cette heureuse nouvelle. (*Elle désigne la droite.*)

MULLER.

Ces papiers, que renferment-ils ?

MATHILDE.

Je n'ai pas eu le temps de tout lire ; mais c'est un nommé Jean Bally qui est coupable du vol pour lequel le frère d'Albert fut condamné, et, vous le comprenez, l'assassin de Raoul ne peut être que le même... allez donc, monsieur Muller. (*Désignant la chambre de droite.*)

MULLER.

Oui, oui, donnez-moi ces papiers, je vais les leur porter.

MATHILDE, *se levant et tirant de son sein les papiers qu'elle serre dans ses deux mains.*

Ces papiers... oh non, ils sont mon bien, ma vie, le salut de celui que j'aime, et je veux, moi seule...

MULLER.

Ils ne sont plus là.

MATHILDE.

Où sont-ils donc ?

MULLER.

Ils marchent au supplice.

MATHILDE.

Juste ciel !

MULLER.

Donnez-moi donc... et je cours...

MATHILDE, *voulant se précipiter vers la porte du fond.*

Non, laissez-moi.

MULLER.

J'arriverai plus tôt que vous !

MATHILDE. (*Commencement de soupçon.*)

Laissez-moi, vous dis-je.

MULLER, *frémissant.*

Mathilde, donnez-moi ces papiers.

MATHILDE.

Oh ! mon Dieu !

MULLER, *terrible !*

Il me les faut ! à l'instant ! je le veux !

MATHILDE, *au comble de l'épouvante et reculant.*

Oh ! si vous étiez le voleur et le meurtrier, vous n'auriez pas une autre voix et un autre regard !

MULLER, *terrible.*

Vous comprenez donc, Mathilde, qu'il me faut ces papiers ! (*Il s'avance vers Mathilde déjà terrassée par son regard et qui résiste à peine.*)

MATHILDE, *poussant un cri de désespoir.*

Ah ! (*Elle tombe près de la chaise.*)

MULLER, *tenant les papiers.*

Enfin ! enfin ! je tiens les preuves fatales ! (*Il s'élance au fond, la porte s'ouvre.*)

SCENE XII.

LES MÊMES, RAOUL, *puis* LUCIA, ALBERT, PAUL, MARTILLY, GARDES, HOMMES DE JUSTICE.

RAOUL.

Pas encore, Jean Bally

MULLER, *reculant.*

Raoul !

RAOUL.

Jean Bally, faussaire, voleur et meurtrier, le Tibre et le bandit ne t'ont pas tenu parole !... l'un a rejeté ma vie et l'autre a rejeté ton or.

MULLER, *en délire.*

Raoul ! vivant !

RAOUL.

Oui, vivant pour que ces deux hommes vivent et pour que tu meures !... (*Les autres paraissent au fond avec les gardes.*)

MATHILDE, *courant à Albert.*

Albert !

ALBERT.

Mathilde !

RAOUL.

Lucia !

LUCIA *à Raoul.*

Soyez béni, vous qui me rendez mon père !

PAUL, *à Albert.*

Eh bien, frère, tu le vois ; il est bon d'attendre, de rester dans cette vie, quelque malheureuse qu'elle soit. Dieu vient en aide à ceux qui se résignent.

ALBERT.

Sa bonté a failli nous arriver trop tard.

LUCIA, *souriant angéliquement.*

Jamais trop tard, mon père. Soit en ce monde, soit en l'autre, dans les inépuisables sources de l'infini, Dieu n'a-t-il pas de quoi réparer les plus cruelles et les plus longues infortunes ? (*Elle se tourne vers Raoul et lui tend la main. L'officier met la main sur l'épaule de Muller.*)

(*La toile tombe.*)

www.ingramcontent.com/pod-product-compliance
Ingram Content Group UK Ltd.
Pitfield, Milton Keynes, MK11 3LW, UK
UKHW021201230726
13926UKWH00001B/228

9 782014 445954